U0515836

海上絲綢之路基本文獻叢書

# 十七世紀南洋群島航海記兩種（下）

黄素封 譯述

文物出版社

**圖書在版編目（CIP）數據**

十七世紀南洋群島航海記兩種．下 / 黄素封譯述
．-- 北京 : 文物出版社，2022.7
（海上絲綢之路基本文獻叢書）
ISBN 978-7-5010-7616-1

Ⅰ．①十… Ⅱ．①黄… Ⅲ．①游記－南洋群島－17世紀 Ⅳ．①K933.09

中國版本圖書館CIP數據核字（2022）第086685號

**海上絲綢之路基本文獻叢書**

十七世紀南洋群島航海記兩種（下）

---

譯　　述：黄素封
策　　劃：盛世博閲（北京）文化有限責任公司

封面設計：鞏榮彪
責任編輯：劉永海
責任印製：張　麗

出版發行：文物出版社
社　　址：北京市東城區東直門内北小街2號樓
郵　　編：100007
網　　址：http://www.wenwu.com
經　　銷：新華書店
印　　刷：北京旺都印務有限公司
開　　本：787mm×1092mm　1/16
印　　張：9.375
版　　次：2022年7月第1版
印　　次：2022年7月第1次印刷
書　　號：ISBN 978-7-5010-7616-1
定　　價：90.00圓

---

# 總緒

海上絲綢之路，一般意義上是指從秦漢至鴉片戰爭前中國與世界進行政治、經濟、文化交流的海上通道，主要分爲經由黄海、東海的海路最終抵達日本列島及朝鮮半島的東海航綫和以徐聞、合浦、廣州、泉州爲起點通往東南亞及印度洋地區的南海航綫。

在中國古代文獻中，最早、最詳細記載『海上絲綢之路』航綫的是東漢班固的《漢書·地理志》，詳細記載了西漢黄門譯長率領應募者入海『齎黄金雜繒而往』之事，書中所出現的地理記載與東南亞地區相關，并與實際的地理狀况基本相符。

東漢後，中國進入魏晉南北朝長達三百多年的分裂割據時期，絲路上的交往也走向低谷。這一時期的絲路交往，以法顯的西行最爲著名。法顯作爲從陸路西行到印度，再由海路回國的第一人，根據親身經歷所寫的《佛國記》（又稱《法顯傳》）一書，詳細介紹了古代中亞和印度、巴基斯坦、斯里蘭卡等地的歷史及風土人情，是瞭解和研究海陸絲綢之路的珍貴歷史資料。

隨着隋唐的統一，中國經濟重心的南移，中國與西方交通以海路爲主，海上絲綢之路進入大發展時期。廣州成爲唐朝最大的海外貿易中心，朝廷設立市舶司，專門管理海外貿易。唐代著名的地理學家賈耽（七三〇～八〇五年）的《皇華四達記》記載了從廣州通往阿拉伯地區的海上交通『廣州通夷道』，詳述了從廣州港出發，經越南、馬來半島、蘇門答臘半島至印度、錫蘭，直至波斯灣沿岸各國的航綫及沿途地區的方位、名稱、島礁、山川、民俗等。譯經大師義净西行求法，將沿途見聞寫成著作《大唐西域求法高僧傳》，詳細記載了海上絲綢之路的發展變化，是我們瞭解絲綢之路不可多得的第一手資料。

宋代的造船技術和航海技術顯著提高，指南針廣泛應用於航海，中國商船的遠航能力大大提升。北宋徐兢的《宣和奉使高麗圖經》詳細記述了船舶製造、海洋地理和往來航綫，是研究宋代海外交通史、中朝友好關係史、中朝經濟文化交流史的重要文獻。南宋趙汝適《諸蕃志》記載，南海有五十三個國家和地區與南宋通商貿易，形成了通往日本、高麗、東南亞、印度、波斯、阿拉伯等地的『海上絲綢之路』。宋代爲了加强商貿往來，於北宋神宗元豐三年（一〇八〇年）頒佈了中國歷史上第一部海洋貿易管理條例《廣州市舶條法》，并稱爲宋代貿易管理的制度範本。

元朝在經濟上採用重商主義政策，鼓勵海外貿易，中國與歐洲的聯繫與交往非常頻繁，其中馬可·波羅、伊本·白圖泰等歐洲旅行家來到中國，留下了大量的旅行記，記録元代海上絲綢之路的盛況。元代的汪大淵兩次出海，撰寫出《島夷志略》一書，記録了二百多個國名和地名，其中不少首次見於中國著録，涉及的地理範圍東至菲律賓群島，西至非洲。這些都反映了元朝時中西經濟文化交流的豐富内容。

明、清政府先後多次實施海禁政策，海上絲綢之路的貿易逐漸衰落。但是從明永樂三年至明宣德八年的二十八年裏，鄭和率船隊七下西洋，先後到達的國家多達三十多個，在進行經貿交流的同時，也極大地促進了中外文化的交流，這些都詳見於《西洋蕃國志》《星槎勝覽》《瀛涯勝覽》等典籍中。

關於海上絲綢之路的文獻記述，除上述官員、學者、求法或傳教高僧以及旅行者的著作外，自《漢書》之後，歷代正史大都列有《地理志》《四夷傳》《西域傳》《外國傳》《蠻夷傳》《屬國傳》等篇章，加上唐宋以來衆多的典制類文獻、地方史志文獻，集中反映了歷代王朝對於周邊部族、政權以及西方世界的認識，都是關於海上絲綢之路的原始史料性文獻。

海上絲綢之路概念的形成，經歷了一個演變的過程。十九世紀七十年代德國地理學家費迪南・馮・李希霍芬（Ferdinad Von Richthofen，一八三三～一九〇五），在其《中國：親身旅行和研究成果》第三卷中首次把輸出中國絲綢的東西陸路稱爲『絲綢之路』。有『歐洲漢學泰斗』之稱的法國漢學家沙畹（Édouard Chavannes，一八六五～一九一八），在其一九〇三年著作的《西突厥史料》中提出『絲路有海陸兩道』，蘊涵了海上絲綢之路最初提法。迄今發現最早正式提出『海上絲綢之路』一詞的是日本考古學家三杉隆敏，他在一九六七年出版《中國瓷器之旅：探索海上的絲綢之路》中首次使用『海上絲綢之路』一詞；一九七九年三杉隆敏又出版了《海上絲綢之路》一書，其立意和出發點局限在東西方之間的陶瓷貿易與交流史。

二十世紀八十年代以來，在海外交通史研究中，『海上絲綢之路』一詞逐漸成爲中外學術界廣泛接受的概念。根據姚楠等人研究，饒宗頤先生是華人中最早提出『海上絲綢之路』的人，他的《海道之絲路與昆侖舶》正式提出『海上絲路』的稱謂。選堂先生評價海上絲綢之路是外交、貿易和文化交流作用的通道。此後，大陸學者馮蔚然在一九七八年編寫的《航運史話》中，使用『海上絲綢之路』一詞，這是迄今學界查到的中國大陸最早使用『海上絲綢之路』的人，更多地限於航海活動領域的考察。一九八〇年北京大學陳炎教授提出『海上絲綢之路』研究，并於一九八一年發表《略論海上絲綢之路》一文。他對海上絲綢之路的理解超越以往，且帶有濃厚的愛國主義思想。陳炎教授之後，從事研究海上絲綢之路的學者越來越多，尤其沿海港口城市向聯合國申請海上絲綢之路非物質文化遺產活動，將海上絲綢之路研究推向新高潮。另外，國家把建設『絲綢之路經濟帶』和『二十一世紀海上絲綢之路』作爲對外發展方針，將這一學術課題提升爲國家願景的高度，使海上絲綢之路形成超越學術進入政經層面的熱潮。

與海上絲綢之路學的萬千氣象相對應，海上絲綢之路文獻的整理工作仍顯滯後，遠遠跟不上突飛猛進的研究進展。二〇一八年厦門大學、中山大學等單位聯合發起『海上絲綢之路文獻集成』專案，尚在醞釀當中。我們不揣淺陋，深入調查，廣泛搜集，將有關海上絲綢之路的原始史料文獻和研究文獻，分爲風俗物産、雜史筆記、海防海事、典章檔案等六個類别，彙編成《海上絲綢之路歷史文化叢書》，於二〇二〇年影印出版。此輯面市以來，深受各大圖書館及相關研究者好評。爲讓更多的讀者親近古籍文獻，我們遴選出前編中的菁華，彙編成《海上絲綢之路基本文獻叢書》，以單行本影印出版，以饗讀者，以期爲讀者展現出一幅幅中外經濟文化交流的精美畫卷，爲海上絲綢之路的研究提供歷史借鑒，爲『二十一世紀海上絲綢之路』倡議構想的實踐做好歷史的詮釋和注脚，從而達到『以史爲鑒』『古爲今用』的目的。

# 凡例

一、本編注重史料的珍稀性，從《海上絲綢之路歷史文化叢書》中遴選出菁華，擬出版百册單行本。

二、本編所選之文獻，其編纂的年代下限至一九四九年。

三、本編排序無嚴格定式，所選之文獻篇幅以二百餘頁爲宜，以便讀者閱讀使用。

四、本編所選文獻，每種前皆注明版本、著者。

五、本編文獻皆爲影印，原始文本掃描之後經過修復處理，仍存原式，少數文獻由於原始底本欠佳，略有模糊之處，不影響閱讀使用。

六、本編原始底本非一時一地之出版物，原書裝幀、開本多有不同，本書彙編之後，統一爲十六開右翻本。

# 目録

# 十七世紀南洋群島航海記兩種（下）

# 十七世紀南洋群島航海記兩種（下）

黄素封　姚枏　譯述

民國二十四年商務印書館排印本

# 第二種

【適威思爾氏航海時期——自一六七五年至一六八五年】

## 第一章

荷蘭東印度公司之產生——往東印度羣島者大都妄求富貴，或被迫而遠航——作者自阿姆斯特丹至帖克塞耳——出發之船隻——冰天雪地，船隻被阻，不能前行，勾留數星期——長官指示各員遇法軍時之戰鬭方式——船員所分得之食料——途遇士耳其海盜——某罪犯之判決詞——過赤道時船中死亡者極多——作者遇險——北方之海盜——非洲之惡魔山——舟抵好望角。

六十餘年前，荷蘭各都會如阿姆斯特丹（Amsterdam）、恩克會遜（Enckhuisen）、鹿特丹（Rotterdam）、萊丁（Leyden）、但爾夫脫（Delft）、富恩（Hoorn）、米得爾堡（Middleburgh）與弗利新哥恩（Flessinguen）等城之富商，集資組成一公司，造船隻，招水手與職員，而航東印度。後以營業發達，實力驟增，經商之外，不獨足與歐洲諸王子如英王葡王等挑釁，抑亦可將彼東印度土王之權，盡操於手掌之中；是故就事實論，公司股東之資產，實已大於王者，矧其營業之發展，又一日千里耶！

至於水手自羣島攜歸之寶貨，船員幸獲之巨贓，公司報酬職員之厚薪，均足予人以深刻之印象，引人入富貴之迷途，而異國之奇風僻俗，更足啓人好奇之慾望。此熱烈航行東印度之風，尙所由來也。此外則受人之騙，一時爲利祿所動，致終身爲公司之奴隸，不得自由者，蓋亦不在少數。

此種騙徒，專以買賣人口爲務，每誘異鄉生客至其家，視其囊中之虛實，如見其人適處於困難之地位，故以厚禮款待之，饗以美餚，予以華服。及船期至，而騙徒之態度突變，將二三十食客，悉數送至東印度公司登記，數日後，卽可穩獲公司之酬金。所謂酬金者，視被綁者之多寡而定；彼每獻一人，可得一百五十盾，及其薪金二月，然前者非現金，而爲支票，須至相當時期，始得支領。至被綁者每年在東印度應得之薪金若干，公司年有報告，載之册籍，可資稽考。惟被綁者如在航期中殞命，則該公司所授之支票，卽作廢紙；因其所供給之人，未嘗爲公司服務也。

綁匪在引誘異鄉人時，必侃侃而談東印度之怪俗奇聞，天花亂墜，甚至彼土之一石一木，均含鑽石黃金，使聽者聞而心動。於是被騙之可憐蟲，遂終身勞苦，永無自由之日矣。彼等至東方後，或娶印度婦人，或由耶教而入異教，移風易俗；更甚者，或因勾結歹友，死於非命；或身觸法網，而招極刑，可憐哉！是以此種匪徒，人皆稱之爲「買魂人」或「賣魂人」，實屬可殺。（註一）

余因乏資生活，不得已而居於上述囚牢式之家中者凡數星期，亦可憐蟲之一耳。一六七五年十一月十五日余被送入公司充義勇軍，迫付彼倉銀一百七十盾（薪金二月已在內）。余之職務，爲「亞洲號」大船之執事，月薪二十盾，服務時期暫訂爲五年。

各項契約訂就後，余卽與友輩乘小艇離阿姆斯特丹而赴帖克塞耳，時在十二月之初。帖克塞耳岸旁有大船五艘，卽「亞洲號」（Asia）、「孟家錫號」（Macassar）、「烏得勒支號」（Utrecht）「第杜耳號」（Tidor）及「科耳基尼號」（Cortgeene）等，是此外尙有兩國之戰艦商船，不可勝數，均候風待發。

十二月二日、余隨其他各人登「亞洲號」服務。

三日、公司股東乘華麗小遊艇登船視察，並祝一帆風順，然後告別。

四日、書記官登舟檢點人數。吾船中計有「商人領袖」一；船長一；新教牧師一，及其妻與四子；舵手四；簿記員一；醫師及理髮匠（註二）共五；副官二；庶務二；廚司二；槍手二；木匠四；作桶工三（coopers）；掌帆二；隊長二；軍曹一；伍長二；下級伍長二；兵士一百五十；前檣守望兵九十三；打掃雜差幼童九；水夫長一；合計二百九十七人。書記官檢點畢，互道珍重而別。

五日、風勢自西北方來，銳利異常，吾船四錨幷下，每錨計重三千六百磅。

一六七六年正月十二日、冰塊累累自北方衝來，擊撞船殼，損鐵錨多具，於是長官等集會討論辦法，議決如風勢三日內不減，全體須離船乘輕舟回都（阿姆斯特丹），以防意外危險。彼等蓋鑒於十五年前，此處亦因暴風沈沒十五人，故作此議耳。

十三日晚十一時、風勢轉向東南，吾船係全隊之指揮，當卽鳴槍示號，諭令各舟啓碇出航。

十四日晨、指揮船升旗前駛，旗懸於主桅之上，隨其後者有副指揮船，其旗懸於前桅。此船之後爲「烏得勒支號」，其旗懸於中桅，其他船隻則緊隨此數船之後。

十五日、一英國漁夫登吾船報告，謂前面有法國兵艦十六艘正梭巡於卡萊斯島（Cala's）附近。另有巡邏船與礮艦各二艘正待吾艦迫近。余等聞訊後卽令一游艇偵探準確消息。該艇於次晨駛回，謂敵艦已向吾方攻來。於是全隊轉舵退至當思（The Downs），匿於港中同時隊長發令準備作戰。各長官經一度會商之後，遂發佈下列各令：

（一）各船船長、水手及官員等，應遵照指揮官所發命令行事，不得有違。

（二）如敵船逼近時，吾隊應列成半月形。

（三）如發現敵船混入吾方，須發「德米（註三）礮」三響示警。

（四）船隻將沈時，日間應懸黃旗於前桅上，晚間應懸提燈，俾他船見號往救。

（五）指揮至死不可屈服，亦不可將船落於敵人之手；戰鬬時副指揮應緊隨其後，襄佐一切。

（六）指揮船晚間懸二燈，其餘諸船各一，以資區別，而便遵循。

（七）在危險時期內，各官員士兵應以忠毅勇敢之精神，對付一切，并應遵守船中各項規約。

十七日、吾隊仍守原處，法巡邏船一艘駛過吾艦，而向英國海道進發，瞬息不見。

十八日晨、指揮船鳴槍一響，並懸藍旗於桅竿上，各船遵命行事，並鳴礮多響，向英王致敬，於是多佛堡(Dover-Castle)中，亦回示謝意。

十九日、法艦迫近，相距僅一浬（league），（註四）惟彼等見吾隊整齊異常，不敢覬覦，旋卽退回卡萊斯。

二十日、吾人自英法間長九十六哩之海峽航出，而至西班牙海，海殊深，故其水作深青色。日午、總指揮懸白旗於桅上，並鳴槍一響，令諭各船船長與庶務員等全部集聚吾船。彼等聞令，霎時齊集；總指揮當卽設筵款待，互慶大難已過，不料「孟家錫號」船突與吾船相撞，船邊破一大洞，吾舟亦振蕩極厲，幸卽平息。及暮、諸客各返原舟，全隊通宵鳴礮誌歡。

二十一日晨、全隊船隻分道而駛，各向目的地前進，有至西印度羣島者，有至斯茂那(Smirna)、西班牙、意大利及葡萄牙等地者；而吾人則往東印度，計有船隻五艘，順東北風向西南銳進。

二十二日、吾船「亞洲號」船員，分編二隊：一曰「王子隊」，一曰「毛里士伯爵隊」，在晚間輪流防守；每隊値班四小時，如虞防守力不足，需彼方救濟者，應有二人合唱一歌喚醒之。

是晚吾船開始「蘭松」(Rantscen)，「蘭松」者卽分配食料之別名也。各員每星期可得餅乾三磅，醋半「品脫」，里斯本出產之生菜油四分之一「品脫」；每日可得燒酒一「幾耳」•有時分發蒸熟之乾魚與豌豆，於是每員必傾少許油與醋於其上，作爲美餚；惟在次晨每七人僅可分食熟大麥一木盆。逢星期日、星期二及星期四三天之中，饍有鹹肉作佐饍品；其餘數日，則用鮮肉。

自正月二十三日至二月二十四日間，無大事可記。惟其時吾人已離温帶而入熱帶海中，飛魚悠來悠往，其飛行距離最長約有一彈之遙，過此則須入海休息。此種飛行，足免彼等爲海豚(dolphins)或五島鯨(porpoises)所呑食；惟飛行時不幸而遇海鵝(booby)，則生命殆矣。吾人舉目四矚，但見魚鳥紛飛，煙波萬頃，不復有塵世之感。

二月二十五日、加那利山(Pico de Canaria)在望，吾船當卽轉舵進駛，於次日方近山麓；測二日間之行程，必在二十浬左右。據平時情形論，吾人航於海中，欲於一直線上瞭望五浬以外之物，已非易易；而昨日竟能於二十浬外望見是山，實山之高度有以致之也。

二十六、二十七、與二十八日，氣候甚佳。

三月一日、發現二舟撐荷蘭旗幟，來回划游，甚疑之；因士耳其海盜常冒荷蘭國名，於加那利山附近搜掠民船也。經軍事會議之後，總指揮遣舟往探，果不出吾人所料。於是閤船人員準備作戰，其餘四舟離吾人約一浬之遙，亦已聞訊備戰，鳴槍示號。及晚、敵舟似已逼近，惟仍未至接觸之地步，故是晚船中戒備極嚴，以防襲擊。

二日晨、西北風極厲；正午、盜船漸隱，及晚而踪跡全滅。

三日、順風揚帆，舟行極速，惟在四小時後，吾人突見一舟自後追來；察其形態，斷爲日前所見盜船之一。吾船船長係一極暴燥之水兵，其名爲伍色天（Peter Vonder Woetstiin），囑令下帆停駛，良不欲進駛過速，亦懼於彼也。士耳其舟風馳電掣而來，高懸荷蘭旗幟，並遣小舟前來，僞示歡迎；以荷語詢吾船何名？行將何往？船長不待回言，下令攻擊，於是排槍齊出，彼舟狼狽而逃。據余猜度，船身所受槍洞必甚多，非經長時之修補不可。

然彼等雖極狠狽，次晨七時又偸掩而來，意在侵擾，惟因吾輩防禦有方，勇氣百倍，終至不敵。因又於晚間逸走，損失頗巨。此番我方死者十二，傷者二十，均爲士兵與水手；傷者均經醫師治愈，船身亦受小傷，卽由木匠修補。

五日、牧師爲衆祈禱，敬謝上帝拯吾船出險，未中彼暴徒之毒計。禱告畢，船長向衆致謝，並賞各人美酒一瓶。

自六日至二十四日、風勢厲而浪亦大，人各自危，均存死念。

二十五日、正風浪俱厲之時，一副官與一童子竟以犯雞姦被逮，經一度會議之後，判決將二人用巨索背背相縛，生投海中。罪狀宣佈後，由一水夫長依法捆綁，囑令備死。童年僅十四，哭甚哀，而副官爲一意大利人，則面不變色，並云請治其一己之罪，幸勿累及幼童。

二十六日、風止，惟因吾人自六日起不能觀察方向，二十日來不知究向何處，此時亦不知停站何處。

二十七日、天氣更佳，始知大風已將吾舟送至赤道矣。此處極不適宜，船中人多感熱病，癲狂失常。牧師與兵士四名均死。依荷船習慣，屍體須聯成一串，置於板上，追晨禱或晚禱畢（禱告後須唱讚美詩一節），然後擲入海中。

二十八日、無風，一理髮匠與二水手均死，另有二兵士因不堪奇熱，突然發瘋，躍入海中；於是船中善於游泳者二名，即追隨前往，救護回船。然其一於當晚仍自縊牀次。

二十九日、二兵中之另一人又死，臨死猶不聽從同行人之勸告，亦不願作禱語。是日竟日無風，悶甚。

三十日與三十一日之氣候與前無異。二日之間，計死牧師之小兒四，醫師與理髮匠四，木工一，又兵十名。

四月一日至四日之四日內，海中仍極平靜。舵手一、木工二、軍曹一、水手及兵士共三十名，相繼病歿。於是闔船人員，均處於悲苦悽慘之境中，靜待死神之光臨。

五日、上帝垂憐，特發西南和風，吹送吾舟離此惡境。惟舟中病者過多，不能扯懸大帆，僅將小者升起。是日，吾人用鉤捕得所謂鯊魚一大尾，因思數日困疲，可剖而養食之，以開胃口。不意其腹破開時，日前投入海中之軍曹，突入眼簾，屍體尚未消化；於是同仁之胃口，不特不開，而反閉；豈敢再事剖食，遂將魚與人復投海中。據觀察所及，此等巨魚之前，往往有小魚多尾，出入於其口中，名曰嚮導魚；

若大魚被捕，則彼等必黏附其背，形如栗駝(*Burr*)。

至於余一己處境如何，此處亦宜一述。余因病臥牀中，神志昏迷，看護者以爲已死，自箱中取出新襯衣一領，覆蓋吾身；撐帆者開始束縛，惟其動作過暴，余不堪其擾，兩睛突睜，於是同好友人大驚，羣謂吾眼此時不開，將永無開展之日，蓋彼等正擬將吾屍身擲入海中也。「商人領袖」飲余美酒一杯，精神爲之大振。

自六日至十八日、風勢與氣候均佳，海中有鯨魚多尾，羣隨船後。

二十日、非洲之惡魔山(Devil's Mount)已在目前，其高度頗足驚人。

二十二日、船駛近好望角，遇「科爾基尼號」及「第杜耳號」二船，均係與吾船同時出發者；曾於三月二日失蹤，此時故友重逢，不勝欣喜。彼等述及別後情形，謂已將土耳其盜舟悉數擊沈，並俘擄善於游泳者三十六名，攜至此間。此種好消息傳入吾人耳中，僉增慶幸。聞該犯等均經放逐魯濱島(Robin Island)中，永作採貝及焚石等苦工云。

* * * * *

（註一）荷蘭當時之人呼之曰 Ziel-Verkopers 或 Ziel-Kopers，其意卽買靈魂者或賣靈魂者。

（註二）英文譯本作 "five barbers and chirurgions"，素封按 chirurgion 亦作 chirurgy，在古代與 surgery 一字通用，卽外科醫生。至 baber 一字之意，請閱本書第一記第一章之註二。

（註三）「德米礮」原文為 demi-cannon，係一種三十磅之礮，此處或由 bemi-culverin 之誤。按 culverin 為十六世紀之一種長礮，其手柄形似巨蛇。

（註四）「浬」字係譯 league 者，league 乃一種長度之單位，在英國等於三哩，但因時地之不同，有等於二・四哩者，亦有合四・六哩者。

# 第二章

好望角與阿姆斯特丹之距離——其地水果出產之豐殷——霍屯督族之風俗習慣——其地之財貨——舟離好望角，舉行敬神典禮——商人之子與其他二人失足墮海溺斃——船員之食料縮減——舟抵大爪哇——巽他海道與萬丹——某人爲鱷魚所吞——抵吧城——城堡與稜堡之形狀——華僑之喪禮——住居吧城之異教徒——迷信之安汶人——精兵被遣鎮壓亞巴拉——荷兵登陸後竟被擊潰——一件出乎意外之事——荷蘭船一批又抵吧城——其一航行不利，向衆述苦——紫鵜鶘與食火雞（開斯哇利）等奇鳥之狀態——刑期至·衆犯苦——一長二十二呎之鱷魚被捕——某獵夫爲虎撕成片片：——印度人跳躍術之表演——希爾施比孟之奴僕十二名潛逃被兵追回，斃於吧城刑場中——吧城之方屋其名稱之由來與建築者——荷人如何從英人手中奪得吧城——堡中所畜食火雞演出笑劇——孔雀與一因賭傾家之華僑間發生不幸之衝突——吧城華僑之生活——華僑富商之威嚴。

四月二十三日晨余隨總指揮登陸，據云此角距阿姆斯特丹約二千哩，船靠泊凡九日，順將水、木柴等各種應用品預備妥善。至於此角之特點，就余管見所及者：

第一、物產豐饒，故東印度公司曾經營數載，於德汎爾山(Duyvel's bergh)、路文山（Lewen

、bergh）及桌面山（Tafel-bergh）等處之麓，靠水築無數堡壘，實以兵丁武器以防蠻族之騷擾，而使來往東印度之船隻平安入境，並得換裝水與柴等必需品。年來自荷蘭移居於此之「卜耳人」（Boors）（註一）極多，均得公司之特權，在二三十哩之範圍內努力開墾，使成殷實之鄉。

第二、角中居民繁殖，其土著均爲非洲野人，號曰霍屯督族。其形態與埃及異教徒無異，苟吾人率直呼之，可名爲淺黑人。其髮蜷曲有如綿羊之毛，上懸各種海貝，作爲裝飾品。其身材頗適中平勻，惟鼻部嫌平闊而已。

彼等不禦衣服，僅圍一羊皮或牛皮於腰際，皮上遍塗脂肪以求其軟。如天氣奇熱，則一絲不掛，私處突出一狐尾或狗尾。至婦人之裝飾品與男子不同，每以生畜之臟腸纏繞腿上，待其自乾，不顧衞生與否。

霍人之言語嘈雜而不悅耳，外人絕不能辨別之；惟常與荷人接近者，亦能稍談荷語。彼等無宗教禱語及法律，所崇拜者唯月。每當朔晚，必羣集歌舞，高呼「哈、哈、哈哈」，其人不事種植或建築，故無定居。每攜妻子游牧各處，所食者爲水果與樹根，食肉時不分獸肉人肉，有毒無毒，納之於煤，移時即取而食之。

彼等臥於茅屋與洞穴中，各有其妻，如生攣童，則殺弱者。兒童長至十二歲時，父母必將其右邊睾丸割去，以爲可增長其奔跑力。

霍族中有王及酋長頗多，彼此時相格鬭。暇時喜射靶投箭，婦女有時亦攜其夫之武器同往，如將仇敵殺卻，必剖而啖之，認爲樂事。歐人有時以少量之煙草或銅環，可換其大宗牛羊，惟如被誘入茅屋，則生命危矣。

第三、好望角中財源至富，各種野獸，如食人之獅、可怕之虎、巨大之象、暴噪之犀、狡詐之猿猴，無一不多。此外如野狗、野熊、野狼及野騾等，更觸目皆是。另有鴕鳥一種，身大而體重，有羽翼而不能飛，小鳥由卵中自出，有以爲母鳥於孵時，不離卵旁，實屬無稽之談。更有海牛者，終日橫臥河中，晚間始行登陸，其肉之味，美於豚肉。他如鹿、野豬、鷓鴣、孔雀、鵝及鴨等亦多，此處恕不贅述。

五月一日晚，亞洲號、第杜耳號及科耳基尼號三船，連續啓碇，向吧城進發。

二日，三舟共同行祭神典禮，蓋吾人雖已出海盜襲擊之險，尚未出波濤等其他危險也。

三日、西北風緊作，吹送吾船。

四日、風勢更厲午後、商人夫蘭克弗特氏（Franckfort）之子名木瑞兒（Morel）者，至船首呼吸新鮮空氣，此爲尋常之事，不幸墮入海中力救無效。因波流峻急，而船進行至速，難以爲力也。「第杜耳號」與「科耳基尼號」二船，是日與吾人分道。

五日至十日、氣候仍如前狀。

十一日、寒冷異常。

十二日、雪雹交作，二水手墮海溺斃。

自十三日至二十日、吾人僅舉一帆，而舟被狂風吹進，駛行極速，二十四小時內，約可行七十餘哩。

二十一日、抵聖毛黎斯島（St. Maurice）。據云此島以前僅爲一片赤土，最近東印度公司注意及之，始有人民移住。島中出產頗豐，有野鹿極多，並產紫檀等佳材。

二十二日、一水手自大桅下傾落於錨上，而後入海，傾刻沈沒，其氣早絕。

二十三日、氣候轉暖，風勢亦順，迄於月終。

六月一日、風止天雨。

二日、每日應得之肉麪包與啤酒，均經減量，闔船人員，大不滿意。

自三日至二十日、吾人除覺飢渴外無事可紀。諺云：「餓漢必不多睡，」夫多眠實有害衞生，然則吾人可以避卻一切疾病矣。

二十一日、船長下令凡首先發現陸地者，賞洋十二克郎（crown）。於是各人之目光，集中前方及水中，細察水之顏色，藉以測陸地之遠近，同時備妥錨鍊，以資應用。

二十二日晨、守於主桅上者，大呼陸地，經衆探問何方？答云正東有一高地。時正日初升時，及中午，其言證實非虛。此地蓋卽大爪哇（Great Java）也。闔船人員，歡忭鼓舞，互慶可得多量之麪包與水料矣。

二十三日、船入巽他海道，道長三十六哩，時風定而流急，吾人不得已下碇暫泊；於是爪哇土人，乘機來訪，攜各種印度貨品，如蘋果、甜瓜、無花果、橘子、香蕉、糖及米之屬，以換吾人之刀劍、煙草等物，其舟小而奇特，惟速率至大。

二十四日、土船二艘奉令自萬丹而來，載爪哇之果品、鴨、羊等物。是日惠風和暢，吾人繼續進行，惟至旁晚，風勢又轉，不得已重行擱泊。

二十五日、午前九時與十時間，萬丹王城於右方出現。午後四時，船入吧城大道，艙中侍童精於游泳，躍入海中，擬一爽身心，竟為鱷魚攫吞。

二十六日晨吾輩乘輕舟登岸，皆大歡喜，共謝上帝成全此行。計自荷京至此，費時五月又十二日，約二十三星期有餘，航程達三千六百三十六哩。

二十七日、好望角出發後第三日而與吾船分道之二船亦到，相互額手稱頌。

是晚、新來之兵列隊整裝，覲見東印度總督梅索克爾氏（Maetzuycker）（註二）氏致歡迎辭後，即令各官着手分編，將彼等分別送至城內及堡中。余首訪礮塞，塞有稜堡四：一曰「鑽石堡」，常駐兵四五十名，由陸軍少校統帶；二曰「紅寶堡」，由隊長統兵鎮守；三曰「綠寶堡」，由軍曹管理；四曰「眞珠堡」，亦由軍曹率卒守管。

二十八日二十九日及三十日三日爲吾輩之自由日，得在城內外任意閒游。此時大部分人喜觀察華僑之生活（華僑多因經營大商業而居此）。其祭禮異乎尋常，死者之親屬，攜酒肉而赴墳地盛菜餚於瓷器中列置墳旁，然後嚎啕痛哭，詢死者何以拋彼等而長逝？涕淚交流。此種祭餚，往往爲因賭罄囊之荷蘭士兵或水手攜歸大嚼云。華人之外，其他東印度土著與異教徒住居吧城者至多，經營巨大商業，於必要時，均有強迫保護城池之義務。其中最重要之一族，即本島士民膚色黑暗，腰際僅圍布或綢一條，均須受割禮（幼年割去龜頭之包皮），與土耳其人無異；以獅首之偶像及日月等爲神云。

餘如安汶人（Amboinese）、丹拿特人（Tarnartan）、馬來人（Malleyer）及馬夏夫爾人（Mchaffers）等民族，各擁王者，其武器殊精銳，如弓箭槍矛毒箭等等，無一不備。兵士出戰，必攜美麗之盾牌，頭上裝一豔麗之鳥名曰「天堂鳥」，係離吧城約五百哩之安汶島所產。戰時所用音樂，曰「格罕」（Gum-Hum）用金屬製成，類似皮鼓，其聲噪亂，不若鈴聲之鏗鏘。安汶人多屬魔師，據謂有夫思他斯（Faustus）其人者，訪得其師後，同乘氈毯飛去云。

七月一日至九日、吾輩每日操練射槍術。

十日、精銳者選出調至他處。

十一日、海芝(Harzing)、汝豆耳(Roodbol)及法人聖馬提尼(St. Martini)與德克(Dack)諸將，同在卜爾門(Poolman)氏指揮之下，率領所部，由水道赴亞巴拉(Japara)(註三)助萬丹王制伏其暴民。

十二日、吾隊五船水手，亦分編隊伍，各持短刃、鐮斧等兵器，以船長作將、副官爲佐、水夫長爲軍曹、分隊長爲伍長。

十三、十四兩日、經萬丹、脫布·補地(Toppers-Boedie)與太子島(Prince's Is.)。

十五日、遙見敵船無數，彼等窺見吾船，立卽圍繞前來，意在擄亂掠劫。吾船士兵奮勇抵禦，毁大小敵船凡一千一百艘。我方死者無幾，傷者極多。敵死無數，因其船大小不等，有容六人者、有容三十人者、確實人數無從統計。此外於船沈後作水狗式之游泳，到達彼岸，得慶更生者亦不乏人。至於吾人所獲賊品，極屬微少，因印度人所攜者，僅武器與糧草；況大部均沈沒海中，無從撈取。

十六日晨吾人全體登陸，擬乘彼軍疲勞時，迎頭痛擊之。初不料彼等已得消息，四面擁來，有如瘋狗；且因其事前狂吸鴉片，此時常態全變，凶猛無匹，曾殺死吾方官員、僕從與親兵一百五十名。最後吾方餘軍不得已，乃潛水逃回本船。

十七日、病者傷者均由一船載至吧城醫院，並附致總督與議會函一件，報告現狀並乞援。

十八日、副官率水手與兵士多名乘船登陸，視察近狀並探聽消息。

十九日、副官隨流而來，當衆報告謂彼等途遇敵船四艘，滿載敵兵，將其舟包圍，並恣意殘殺；彼情急無奈，在鍋底攫取大木一根，躍入海中逃命。敵軍連續射擊，幸未命中，飄蕩迄於今，歷時已一晝夜矣。報告畢，船長鑒於彼萎靡不振，立命飲美酒一杯，以復精神。

二十日、大會議決遣使火速呈告急書於總督木得初克耳氏，余亦使者之一。

二十一、二十二、二十三之三日，吾人順風揚帆，於二十四日安抵吧城，當卽將書信投送。

二十五日、吧城傳令船一具，攜總督諭令，調駐亞巴拉軍艦全部駛回。

二十六日、一舟方自荷蘭駛抵此間，據其報告，途中共勾留九月，死十八人。

二十七日、另一舟抵岸係自瑟爾蘭島（Zealand）來者。此船航行已達十八月，中間消息全無，荷蘭人均以爲已作海底物矣。船長告予謂彼等途中飽嘗辛苦（按彼船之船身東穿西漏，水手鳩形鵠面，其困苦情形，可不言而喻）。曾被連續不斷之風潮吹向南方，甚至羅盤針左右旋轉不定。最後彼等於晚間發現一高地，形如火燄，惟因風勢關係，竟與之背道而馳；歷時至久，始克賴上帝之助，重得用其羅盤針。

二十八日、又一船自馬六甲（Malacca）航抵吧城，攜有鉼及紫鵜鶘（pellicans）、食火雞等物。所謂食火雞者，又名開斯哇利（casswari），係一種大鳥，無羽翼而有短毛，能食大紅之煤、煙管、生鐵及彈丸等，惟不消化。口中無舌而能作銳聲。關於此鳥之奇怪事情，吾將漸次述之。

二十九日、四水手因殺害一華僑於吧城授首，此乃普通刑罰。同時六奴隸以犯殺主罪，輾斃刑輪；一名黑白人混種（Mulatto）因犯竊盜罪，絞斃；另有水手八名因犯捲逃罪，被鞭；兩荷兵以缺防二日，而受梏桎。某荷教員之妻因作姦犯科，處徒刑十二年，送入女監獄監禁。（註四）執行刑罰時，城門堡門悉數緊閉，駐兵全部武裝戒備，至爲森嚴。

三十日、爪哇人三十二名用巨鉤捕得長二十二呎之鱷魚一尾，獻呈總督。總督略加察閱後，囑部下賞洋六大圓（rixdollar），原魚退回。

三十一日、一土人至吧城報告，謂總督之獵夫在野被虎捉去，撕成片片。

八月一日至三日、荷蘭兵士民衆及東印度吧城土人於「絞首臺」(Galge-Veldt) 附近地方集合獻技。土人表演各種跳舞術及戰術，如投鏢射箭之類，其中有名爲楊克隊長(Cap. Joncker)者技藝最佳，能躍一人一騎，殊爲難得。獻技時吾輩荷兵列成四隊，着武裝站崗於總督府及議員公館附近，以防土人乘機謀叛也。此次集會獻技，蓋慶祝新到之荷將顧英思先生 (Heer Rycloff van Goens）者。（註五）顧氏此時任大將，爲議會中之一員，此後曾任總督。

四日、議員司皮滿先生(Heer Speelman)之家奴十二名，曾背主潛逃，搭舟赴萬丹。吧城檢察官，當即率僕六名（幾內亞水夫），攜帶兵器乘遊艇追踪之，中途相遇，惟彼方已有準備，竟將檢察官及其隨從人員，全部殺卻，安然前進。既抵萬丹，以爲可以無事，初不料官方已得消息，彼等無一漏網，被執送回。

七日、十二人於絞首臺地方受刑，均斃刑場中，其方式如下：刑場內豎鐵柱四根，相距約二呎，罪人之手足，綁縛其上，執刑者持鐵棍先擊斷其四肢，然後再猛擊其胸部。

八日、某水手於「方屋」內被仇用鋼刀刺斃，厥狀奇慘。所謂方屋者，佔地頗廣，有四角，故有是名。據云荷名有「四角」(Vierkant)之意，爲英人六十年前所建，後被荷人所佔。據余所知，爾時有荷船數艘，泊於附近地帶，其指揮請求英督恩准該船人員登陸，蓋彼等經長時期航程，身心勞頓，急須調養也。英督激於同情憐憫之心，慨然允諾，不料荷方竟遣二舟，滿載壯丁，並藏暗器，佯作呻吟，掩入水門，出英人之不意，殺其人，劫其貨，取其罪犯（參照豐・赫士君所作荷人奪取吧城記）（註六）而聲稱此城爲荷人所有。迄於今日，城內外壕溝四繞，堡壘高峙（此地四季皆春，溝水無冰凍之虞），閒人插翅難入，荷人蓋足以抵禦一切矣。

九日、指揮者諭令各處駐兵，如缺乏槍彈，可於下午四時操練後至指定地點領取。先是，彼曾命二奴將彈箱一具安置庭中，不意發彈時，箱中已空無一物，大爲震恐，立赴隊長處報告，謂兵士有偸竊行爲。隊長於是治其疏忽之罪，並下令嚴查。惟至十日，兵士竟發現彼優遊全堡之食火雞（前已述及）將彈丸全部吞入，未經消化，隨大便而排泄於道旁。司庫者因疏於職守，被罰將彈收集，幷須追隨鳥後，恢復所失。

十一日、一老華僑攜牛奶二瓶入堡叫售，爲總督所豢之孔雀所見，飛撲其頭，苟無奴僕挽救，彼老者之目，必被抓出無疑。據云此人以前爲吧城之富商，因性嗜摴蒱，數萬金傾於骨骰之中。最後甚至寶貴之頭髮，亦經削去，於是一蹶不振。

十二日、余至城內華僑家中飲美味之甜酒，並欣賞其習尙。察彼等進饍時，集七男子圍坐一桌，不願歐人參加，亦不願其妻露面；另有馬來婦人在旁侍奉，此等馬來婦膚色黝黑，鼻子廣闊，卻不失妙曼之態；聞係華人出資購買者，每晚可任意擇一同宿。據云華人除購馬來婦外，並畜豬多頭，係作同一作用者。（註七）

桌中置一大瓷盆，旁圍小盆頗多，有盛魚類，有盛大米飯（用以代麵包）、有盛以橘子製成之食品（華名曰Arschhar），亦有盛「伏牛花」式之果品，浸以橘子汁及醋，每人手持木柱一雙，用以代叉拑物。餐畢，例必抽煙。煙管之底部殊大，至少可容水半品脫，彼等呼之爲「幾耳——幾耳」

(Gur-gur)。(按即水煙袋。)

華人每飯不忘上帝，所謂上帝，係一種木偶，塗有美麗之彩色，置於桌上，其前懸一油燈。彼等將果品肉食羅置桌上，然後一一跪到檯旁之木板上，狀極恭敬。余因觀其奇怪之動作，雖有甜酒味美，亦無暇啜飲；眼望檯中凶惡之像，冀一觀其進饍時之態度。孰料此物竟毫無動靜，對於飯食從未一觸，因失望而返。抑有進者，余係荷人，彼華人見吾直立門前，觀其動作，必不願意。余若久守不歸，誠難爲情矣。故彼等此後作何舉動，神像對於食物如何對付，余不能舉實以告。

十三日、余往訪中華富商。歐人至彼處者，可任意放量飲酒；此酒以椰汁製成，故名「椰酒」。彼商擁有巨資，奴僕如雲，一呼百就，祇須將紅旗搖擺，隨從人等立即羣集。當荷船出發時，彼可供給多量之醋與椰酒，並製就帳目，以資杳核。

＊　＊　＊　＊　＊　＊

（註一）卜耳人原字 Boor 亦有時書作 Boer，爲好望角中荷蘭居民之專有名稱。

（註二）梅索克爾氏 (Joan Maetsuyker) 曾於一六五三年至一六七八年任東印度之總督。

（註三）參見第一記及第十二章。

（註四）荷語原名爲"Spinhuis"，乃感化淫婦之所。

（註五）顧英思氏(Rykloff Van Goens)，一六七八年至一六八一年任東印度總督曾出征錫蘭島，並與英葡二國作戰，詳見本書導言。

（註六）見 Van Hesse: *Account of the Taking of Batavia in His Voyage*.

（註七）譯者按此乃當時歐人或爪哇人誤解或侮辱我人者。

# 第二章

蝙蝠大如鵝，味美總督尊爲珍品——軍士某爲一沈溺於煙酒之爪哇人所殺——雷電爲災——荷蘭士兵亡命外出往往鋌而走險成爲劇盜——巨蛇長二十六呎——官兵之俸給——「烏得勒支號」船焚毀——一六七四年大地震將一富庶海島化爲赤土，及其原因——暹羅使者謁候總督——大象訓練爲戰鬪品——著者自吧城赴錫蘭過太子島——海中食料——蘇門答臘沿岸一帶極不衛生——風與潮——捕鯨之戲——二水手因口角而動武用刀格鬬，雙雙被罰——途中勞頓既飢且渴——抵科倫波——獻獅與堪的王——著者被遣至加耳徐礮臺。

八月十四日、二十八至吧城，攜帶蝙蝠十二隻，獻呈總督。此物如鵝鴨，味鮮美，總督極珍貴之，於宴會時始採用。據云彼等日隱林中而夜出，喜飲椰汁，每不愼自樹上墜下，易爲人所擒。

十五日、一兵持鎗哨守於城與堡間之橋上，突爲一爪哇煙徒用毒箭刺死。彼漢因吞鴉片（註一），瘋狂失常，既死一兵，復狂奔前進，擬死第二崗。幸該兵早已覺察，鎗尖對外，瘋人猛衝前去，自斃鎗下。其屍體由劊子手拽繞全城示衆，然後懸於惹卡德拉附近樹上。此間劊子手多係安哥拉(Angola)

之凱非人(Caffers)。

十六日、雷電交作，中國船多艘失愼起火，頓時火光燭天，且有拍拍之聲，恰如礮火之頻射；實則其船多用竹製節扣處易於爆裂，致出巨聲耳！

十七日、一水手與二兵士亡命出堡，投誠十二浬外風山（Blaew-bergh）之劇盜。據云該地之盜，均爲荷蘭亡命之徒，娶土婦潛居山中，擾掠行人，爲害匪淺。

十九日、爪哇野馬十二匹，自萬丹運來，獻呈總督梅索克爾氏。

二十日、土民擕一長二十六呎之巨蛇於總督宮中。總督見此巨物，命從人拽至醫師克來耶博士(Dr. Kleyer)處，由下級醫師海耳威 (John Otto Helwigh)，剖其腹而取其皮，留爲紀念品。海耳威爲撒克遜人，與吾儕同時抵此。

二十一日、爲發薪日，全體領得薪水三月，包含現金、食料及來自中國之布匹絲綢以及鞋襪內衣等等。至於吾人應得之飯食，此時概以生活費作代俸給之等級如下：

隊長——每月薪金八十至一百盾；生活費十大圓，外加給酒七罐，油二罐。

副官——每月薪金五十盾，生活費六大圓。

少尉——每月薪金三十六盾，生活費六大圓。

軍曹——每月薪金二十盾，生活費四大圓。

伍長——每月薪金十四盾，生活費四大圓。

親兵（禁衛軍）——每月薪金十盾，生活費四大圓外加給米四十磅。

二十二日、前日靠泊西岸之「烏得勒支號」船隻，載紙四百來斯（last）（註二）失愼焚毀。其中大礮錨索，均經移出，船員亦幸告無恙。

二十三日、中校普爾門（Poolman）命副官率兵六十名，隨同「亞洲號」至西岸。

二十四日、二舟安抵吧城，其一來自暹羅，滿載亞鉛；其一來自丹那特（Tarnate）載丁香、豆蔻、之類；攜來消息，謂離吧城約五百哩之東，有安汶與丹那特二島，此處發生大地震，損失不小。按其地年有地震之患，一六七四年爆裂尤厲，鄰近有一盛產丁香樹之小島，當時燬沈大半，今則全部消滅矣。

然而審知該島情形者，對於此種災禍，早在意中，試言其始末。查歐人發現該島最早者，當推西班牙人。彼等鑒於島中盛產香料，遂不惜工本建堡壘燈塔，設教堂學校於其上，擬佔爲永久地盤；惟對於土人備極殘酷：恣意殺戮之外，甚至土民途遇西人時，須站於十數武外，恭待彼驕徒行過，始可繼續前進；否則西人得用佩刀殺之。殺後祇須略置一二金於屍身之上（名曰 Perdau），即可逍遙事外而免法律之裁制矣。是故彼可憐之土人，遭枉死者不可勝計，而在彼方反視殺人爲樂事，動輒尋咎誅戮。荷人來此後，土民之痛苦雖稍減，而受制仍深。厥後西人敗退回國，荷人一躍而爲全島之主人翁。荷人爲節省經費起見，將所有教堂學校，悉數改爲貨棧逆旅。此種強暴瀆聖之行爲，早種下災禍之根苗。迨一六七四年而大禍果發，堡毀屋倒，死者無數，天理昭然，因果循環，至是益顯。

二十五日、有二象過堡，係自暹羅王住處奧地愛（Odea）運來者。爲暹王餽贈總督木得初克耳氏之禮物。此外並有亞鉛三千五百塊（weight），意在請求總督撥一專員代製火藥，二年後仍遣歸吧城。

總督接受禮物，謝使者，並囑轉達其主，謂彼必遵命辦理，惟因目下此間僅有技師一人，未便分身，彼國如需火藥，可檢贈若干。

自二十六日至三十一日吾輩迫赴操場，向二象射擊。據云該物方自錫蘭運來，經此種訓練之後，將來可以久戰沙場。

九月中余患頭痛症，展轉不得痊愈，甚至頭髮根根下脫，痛苦莫名。加以天氣炎熱，足不能出堡門一步，僅於每日朝晚（日升日沒之後），就浴河中，以快身心而已。然而河中多鱷魚，以食人爲常事，故雖游泳亦冒奇險，寧非苦事。

十月一日駐兵三隊，奉令分乘「孟家錫號」、「卜耳斯博克號」（Polsbroeck）及「卜蘭號」（Polran）三船開赴錫蘭，須於次日起程。余亦其中一份子，因向友朋告別，預置魚、糖、棗子和橘子等物，以備於航海時應用。

二日午前十時，各員均登指定之船隻，吾輩與副官歐登博氏（Henrich Rentzen van Oldenburgh）同登指揮舟「孟家錫號」。午後書記官前來將船員檢點一過，視人口齊否。若有發令後再優遊岸上，不登指定之船隻者，查出後即被囚鎖，須待該舟返城後，始得恢復自由。

三日黎明時，船長令槍手鳴槍一響示號，囑其他二舟啓碇揚帆。日曙時（此間晨六時日出，晚六時日沒終年不變），吾人乘大陸風沿萬丹而航，午後海風緊來，其勢至厲，不得已下碇停泊。（四日晚二時風勢又轉，吾船逕駛至太子島掬水採薪。

五日至七日、儕輩上島伐木，余與五兵士持槍後隨，以資保護，以免爲虎所害。並射取野禽，如孔雀及野鴨之類，蓋此島居民至少，野禽猛獸常出沒林間也。

八日、破曉，吾船啓碇進航，道經巽他海道，薄暮抵海，其時東南風正盛，舟向北進發。

九日、全體分爲二班，並訂就哨守解差時間，以維秩序。在休閒時可煮飯烹茶。

十日、惠風和暢，船員之食料分配就緒，每人每日可得熟米半磅，椰酒半品脫，開水一品脫半。每週可得餅乾二磅，醋半品脫，里斯本油四分之一品脫；每逢星期日與星期四，有鮮肉四分之三磅；星期二鹹肉一夸頓半；星期一、星期三、星期五及星期六，則食豌豆，食時須和油與醋。

十一日至十五日、風勢仍佳，舟已駛近西岸，晚間第二哨時守望時，約在十句鐘至二句鐘之間，空中電光閃閃，雲色忽紅忽黑，厥狀駭人。及第三哨時，船身自西北轉向東北。第三哨亦「白晝哨，」起自半夜三時。

十六日、波平浪靜，惟在十七至十九日間，風潮無定，黑雲四繞。迨二十日至二十一日，而日月星辰均隱滅不現，氣候愈劣，勢將釀成絕大風潮。此時吾儕各惴惴自危，不得已收卸一切帆篷，準備度此大難。

二十二日、西風徐來，吾人係向北進，遥見空中電光照耀，雷聲不絕。余於駭怪之餘，舉以詢船長與老於海上生活之水手。據答云，蘇門答臘西岸地方，有時竟闇晦沈悶至六月之久，極不衞生，惟因盛產胡椒，山中復藏金礦，荷人不願放棄，遂築礮塞，遣兵卒守之。兵士至其地者，苟歷三年而不他調，必死無疑。政府有鑒於此，年調新兵蒞境，然悠忽間損其命者，亦復累累。彼等所食者非麪包而爲米，所飲者非燒酒而爲椰汁或甜酒，往往有陳至三四年者。此外魚肉亦多，惟都不適於歐人口胃云。

二十三日、西風愈吹愈厲，海中游魚滿目，中有一種，船上人呼之曰跳魚（*Springers*），身長六七呎，厚亦有數呎，其肉甚堅。此魚喜逆風而游，往往躍出水面，水手不察，必致誤認爲大浪。余等用一種特製捕魚器（名 Ellegaer），又得數尾。卽晚「卜蘭號」與吾舟分道，究係彼船長之意，抑係舵手之誤，不得而知。

二十四日、風勢尤厲，不得已將主帆卸下，並用帆布遍蓋艙上，因猛浪頻來，高出船身也。

二十五至二十八日間，仍有厲風，惟吾船勉力進駛，每晝夜亦可行至二十五哩至三十哩之間。

二十九日、險狀有增無減，友船「卜耳斯博克號」突發一號，謂舟身中滿積海水，急待救助。於是吾輩折回察探究竟，彼船船長因唧筒損壞，擬向吾船借取，當即照辦；蓋同人等自知船殼堅固，艙中毫無積水，可不用此物也。惟在是晚，該船竟又失蹤。

三十日、船上所有篷帆均經卸落，吾人準備聽天由命，隨流飄蕩。如是者凡五日，至十一月四日，經會議議決，將主桅折下，惟因其量過重，下落時船身飄擺不定，有沈沒之勢。現吾船究在何處，頗難確定，因數日來未暇測量也。

五日、風勢漸減，轉向東南，吾人於是重懸諸帆，立竿測影，知身處赤道附近，尙未遠離目的地，乃偏東而進。沿途有一種專捕食飛魚之鳥，隨處可以發見，及近赤道地帶，而天氣轉熱，即不復遇見此鳥。

六日、舟順銳風前行，自晨六時至晚六時，共航二十哩。

七日、赤道已過，二兵士與三水手均死，於禱告後投入海中；統計全船病者數在二十左右。

八日、風向轉南，船身得向北挺進，水夫長之副官，捕得大鯊魚一尾，其腹中藏小孩四個人骨無數。

九日、一小艇自遠方來，午後與吾船相距漸近，吾人深望彼舟能將新鮮消息佈送，然而大失所望，因其人所談者，既非馬來語又非安汶語或馬拉巴語，即久處東印度之水手奧來曼君（Orla-men）亦不能瞭解之。就其所作手勢觀，似向吾方索取飲料，船長於是親登其船檢察一過，見有印度人二十四名，長髮束繞頭邊。艙中有槍十二枝，槍彈火藥均全，他如米與胡椒乾魚等不患缺乏，惟無滴水。據吾人猜度，彼等或係蘇門答臘西岸之印度海盜，爲大風飄流至此者。船長經一度考慮之後，令將其水手糧食等悉數帶上吾船，並用巨索將該舟拖在後方；與其人以麵包及飲料，命爲吾作抽水及掃除工作。

十日至十三日、正南風仍厲，船仍向北進。

十四日、吾船就風勢轉向西北，速率較前稍減，一水手坐於前桅上，桅索忽斷，彼下傾而死。

十五日、海水漸行變色。及晚，吾人垂鉛測其深度，經放出線索二百尋，尚未探得海底。

十六日、水色又變，呈灰白色，水手因將碇錨備妥，以防應用於萬一。

十七日、船長下令，如有首先發現陸地者，賞洋六大圓，美酒一樽。

十八日、風勢和暢，進行順利。一水手因站船邊汲水，突爲大浪捲去，吾人立即收帆，將長艇放出，二小時後，將彼安然救歸。

十九日、氣候甚佳，二水手因口角，竟至動武，用刀互刺，各受微傷。船長聞之，大爲震怒，認爲違反航海法律，處以投水之刑。

二十日、清晨六時，有一經驗至豐富之水夫長攀援而上最高之桅竿上，無何，狂呼陸地。經船長詢其方向，答云東北；於是船身由西北轉向該方，舵手垂錘測水，發現八十尋下之沙底。午後，遙見高山，船中人名之曰亞當山(Adam's Pick)，因即斷定所見之陸地，係目的地錫蘭島無疑。薄暮時，吾人將船身更向東偏，因無意於晚間到達彼岸也。六時至十時，當第一哨値班時，陸地猶隱約可見，惟在第二及第三哨中，則完全隱滅。

二十一日，黎明陸地已在吾船之東南方，於是轉舵準向前進。午前十時，科倫波城邊星羅棋佈之船隻，已在目前；同時風勢更向西偏助吾急進。日中時，水深僅四十尋，惟吾人仍繼續測量，及確見陸地而後止。是日各員均得多量之熟米，並可自由取水，同人等飢渴非止一日，忽逢恩諭，胃口頓開，水料四十罐，悉數飲盡。兵士開始裝束，各衣美麗制服，紛向槍房領取武器，喜形於色。

午後三時左右，水深十二尋。吾船下碇停泊，將各項旗幟升上桅竿。槍手奉令鳴槍一響後，一水手將指揮之大纛旗，飛舞於科倫波城前，然後重升主桅，鳴槍一排。科倫波堡中回放七礮，其總督遣大舟二艘，迎全體登陸，並給假三日，以資休息。科倫波與吧城間之距離，約五百荷里。吾人自十月三日出發，至十一月二十一日抵岸，計航四十九日。

二十二日，余遷居一新加人（Cingulaish）一老婦家中，婦略通荷語，闢有客寓，專供荷人住宿。現已有住客二三十人矣。余每月付租金十五先令，另加黑米四十磅，每日由婦供膳二次，第一次在晨八時，第二次在午後四時，以魚、肉、花生等為佐膳品。至於其房屋之構造，至為簡陋，係用樹枝建成之一種茅屋耳！

余於此晤故友三相與言笑甚歡，並與友輩於二十三日攜手出遊，清晨至一大果園，園名陳沙加度(Tang Salgato)，飲椰汁少許。中午又飲一種強烈之飲料，厥名爲馬賽克酒(Massack)。其製法如下：先用「椰汁」八夸脫(quart)，和以燒酒一夸脫，同入皿中蒸沸；然後加雞蛋二十餘枚，使與酒相溶結而呈美麗之彩色；再調入金絲糖(kings sugar)，此糖係自一種樹汁煉成者，然後加豆蔻丁香等少許，卽成價洋半圓。吾人進膳時，有土婦作陪。婦善歌舞，其耳至長，垂以金環。彼等察余服裝，知係新自歐洲來者，慇懃獻媚，余不解其言語；惟頻搖吾首，表示不願與之爲伍。

二十四日、余等閒步至科倫波郊外二三哩之果園中，一觀所謂馴象之形態動作：然後入一葡友之家中，蒙其慇懃相待，並於晚間用象送歸。是日荷使名白克瓦(Bucquoi)者，自錫蘭出發，獻獅與堪的王。

自二十五日至三十日，全體日間操練，晚間守崗，余亦奉令處於指定地點，凡五月，直至一六七七年四月二十五日。在此數月間，余朝夕學習新加語與葡萄牙語，認爲此二語不獨有用，抑且係此地民居所不可不習學者。

二十二日、余奉令率兵三十，至在科倫波城外八哩許之加耳徐礮臺與築新壘，以鞏防守。至於該堡之情形，余將次第述之。茲請於下章先述錫蘭之城池、居民、畜牧及水果等等，盡余之所見聞而筆出之。

* * * * *

（註一）按原註，謂「參閱佛氏及 Elias Hesse 氏之記載」。

（註二）last 爲重量之單位，其標準隨各種情形而變。如穀一「來斯」，則爲四千磅。

# 第四章

錫蘭島之種種城堡市礮臺和居民皆有二類——堪的王境內官吏及人民之風尚宗教等——其飲食及交易之狀況——堪的王爲一暴君——新加人戰鬭時之習俗其武器與炸藥——錫蘭之馬拉巴人爲荷蘭臣民——土人以寃鬼、鱷魚、蛇蠍等爲神——其葬禮——荷人經猛烈之攻擊後征服葡人及堪的王——堪的王至今猶認荷人爲世仇——此地氣候頗不衞生。

錫蘭島周圍約二百荷里，位於印度洋中，距馬爾狄維羣島(Maldivian Is.)、卡魯滿德爾海岸與馬拉巴三處均不甚遠。二百年前此島爲西班牙人所發現，因而侵犯哥泰(Cotta)王國。哥泰王國者，即當日科倫波城所屬之王國也。

西班牙人乘舟二艘，於今日科倫波城所在之地登岸，新加王在哥泰聞訊，立率大軍趕至，然終不敵西人之火藥而敗。於是西人乘機建築礮塞，以保護其已得地位，迨祖國援軍畢至，乃大施蹂躪，逐哥泰王，將其王城屠爲平地（今日該地已成象羣出沒之處矣）。然後張其勢於全島七國之中，六國竟爲所毀，惟島之中部堪的國之王子，鑒於其人民倍受虐待，發奮圖強，率領所部猛力反攻西人，此後且不時襲擊其沿海城堡。至此島究如何由西人處落入葡人手中，如何由葡人處落入荷人手中，余當漸次述之。

主要之堡壘爲科倫波城與堡，其西八哩，有尼古巴礮臺（Negombo Fort）；再西二十哩，有卡爾品丁礮臺（Calpintin Fort）；又二十二哩，有亞利本礮臺（Aripen）——在此二礮臺之中間，有著名之珍珠岸（Paerl-Bank）——又六哩又有一要塞位於馬那拉島（Manara）中。馬那拉島周圍約七哩，極富饒，距錫蘭島僅一衣帶水。若弗那（Jafnapaparnum）（註一）亦係要塞，距馬那拉島二十二哩，四周有稜堡曰皮耳關（Pas-Pill）、北下德關（Pas-Beschatter）、象關（Pas-Elephant）及白德岬（Punt de Pedre）。再進三十六哩則有特靈科馬利礮臺（Fort Trinconamale），係荷人抵禦法人之要塞，前曾爲法人佔領，其港灣中亦曾泊法國船隻，在大將拉·海伊氏（De la Haye）指揮之下。此灣極爲安全，惟後日仍被荷人奪回。另有巴泰哥羅礮臺（Battacolo）者，離科倫波約四十哩；由此至牙拉岬（Punt de Gala）約三十哩，再由此十一哩至阿利干（Alecan），再五哩至加耳徐，更六哩可折回科倫波城。

上述諸堡均爲沿海循島之邊線二百零六哩而築者。至於內地礮壘，則有馬呂安礮臺（Maluane）距科倫波六浬；又有漢古耳礮臺（Hanguelli 或 Gourwebell）距前堡二哩，再前行四浬有西打哇加礮臺（Sittawaca）；又四哩有魯納兒礮臺（Ruenell）；又距此八浬處有沙夫瑞安（Saffrigan）及彼不利干（Bibliogam）二礮臺。此種堡壘，均在科倫波之一邊，他邊亦有二礮臺，名曰安古外都登（Auguradotten）及高丁蓋蘭（Caudingellen），位於自堪的國流出二河之邊岸。

錫蘭島民，大別可分爲二種：自科倫波至牙拉（Gala）一帶之土民曰新加人，（註二）體態適中，膚色或黃或黑，鬚髮修長，胸部亦生毛，彼等每以此自誇。其衣服僅布一條，圍於腰部至膝蓋間，惟布之種類極多，視其地位資格而定。

國王之服裝無定，得隨心所欲。其冠用絲織成，鑲以金絲，前嵌紅玉，四周繞以紅綠寶石，上裝「天堂鳥」一（註三）隻。其內衣與腰布，均以最上等之棉布製成，外衣則用絲織，圍繞腰際，凡四五周，垂及膝蓋。其襪用線束於膝上，線端縛一大銀盆，其鞋爲革一塊，連有線索，一自足趾間向上，一繞足底而上，相互紐繫；線索之間，飾以各種寶石。其右臂之下，佩極重之銀刀一柄，形似短劍，長約一碼，柄上鑲有寶石，並懸紅綢一塊，左旁內衣與腰布之間，又有一長刀，中嵌金銀鑽石，其旁懸一銀套，內置尖筆一枝，以備於樹葉上刻字之用。

王之大臣（Pisare）及大將，均可穿絲綢，佩金銀，惟不准以鑽石作飾物，如有故犯之者，無論其寶石之價値大小，概處死刑。即於途中發現一二顆，亦不准擅取。此例嚴重異常，通國人民均須遵守。一郡之長官曰「哥拉爾」（Coral），亦可衣絲綢，惟不得佩刃穿襪。其手執銀鑲之笏，上懸欽賜徽章，足履木製之鞋，狀至奇特。

哥拉爾之下爲貴族（Apohami）其服式與哥拉爾大同小異，然不繫其帽。彼等進城時，必有一奴擔「大寶德樹」（*Talpot*）葉隨行，極易識別。大寶德葉蓋用以代替雨傘者也。

再下爲公務人員與農夫，僅圍布一條，無鞋襪帽劍等等裝飾品，祇佩鋼刀與鐵筆而已。其妻之外衣，束於臍部之上，垂及地下，胸部有一短兜（Bajuvan），但不能遮蓋全部。上述各級官長及貴族妻女之服裝亦然。

至於手藝工人，如木匠、金匠、鐵匠、理髮匠以及陶器匠、磚瓦匠等等與其妻女，均可穿布衣，再下一級爲搾取糖漿者（Trivitor）；採取肉桂者（Tschallias）、漁夫、兵丁（Las:rins）、洗衣匠（Mai-nets）、鼓手（Borrowayen）及轎夫（Cubin）等。其中最卑下之人民，曰巴丁（Batins），與素比（Zubies），此等人不可臥於地上，但臥時必須用一扇遮地方可，更不准睡於屋中。至於此級人之婦女均赤裸上身，以備受鞭撻之苦。

新加語之數目讀音如下：

一……愛開　（Eckai）

二……德客　（Deccai）

三……杜耐　（Dunai）

四……哈臺蕊　（Hattarai）

五……跑蕊　（Paurai）

六……哈賽　（Hasai）

七……哈臺 (Hattai)

八……啊臺 (Attai)

九……拏哈海 (Nahahai)

十……答哈海 (Dahahai)

十一……愛哥拉海 (Eccollahai)

十二……倒拉海 (Dollahai)

十三……答哈同耐 (Dahattunai)

十四……答哈他蕊 (Dahattarai)

十五……帕哈樓海 (Pahallohai)

二十……威思海 (Wishai)

三十……地海 (Dihai)

四十……哈臺李思海 (Hattalishai)

五十…帕思畏蟹　(Paswichai)

一百…西海　(Sihai)

不過吾人所不能不注意者，卽其語言極多變化，內地人民與沿海居民之口音不同，故諾克斯氏(Knox)（註四）之紀載與余所述者頗同；所差者僅余用 a 音之處，彼均用 o 音代之。（註五）

新加人行禮時，必出『丟·哇爾丹得·沙開如丹得·納英得』(Deo Wardende Sacradende Neinde) 一語示敬，對方亦還答此語，然後各用兩手於額上擊拍一響。玆再舉數語於下：

往何處……甘地·言拿答(Gandi Jannade)

吾不知……杜哇耐提(Dutwanetti)

火…………敢乃利(Genere)

水…………低威爾(Diwere)

彼等在糖樹（註六）之葉上作書，誦讀時聲調悠長，有如唱歌，惟發音頗重濁耳。新加人往來之書信，亦用樹葉。葉長約一「額爾」，（註七）寬二英寸，可自由摺疊，外觀頗精美；不知其摺法者，往往不能拆覗。小兒初學寫字則在沙上或地土上用手指練習，由父兄及師長從傍指導。

至於宗教彼等深信上帝（Deine）統治天堂，魔鬼掌理人事，稱曰「加細」（Jacie）。當虔誠供奉之時，不特於其廟中舉行典禮歌唱，且在空曠地方樹蔭之下集合舞蹈。至於樹之種類，非吾所知，惟其狀略與菩提樹相同。常見伊人築園牆垣，約半人之高，於其中舞蹈跳躍歌唱，以博聖歡；並相信彼神必能於此時下降，以預測彼輩將來之禍福，及指示年成之豐劣與旱澇等情。傳達神意之巫師亦備受一般人之尊敬；惟在典禮告終時，巫師輒受魔鬼之苛刻折磨，而疲憊莫名，因是必有人送之歸家云。

新加人深信死者均化爲牛，故尊水牛曰亞比提（Apetie）意卽父，尊牝牛爲亞媽（Amme），意卽母。

知識低下目不識丁者，如生兒女，必植一種雅更樹（*Jacken*）（註八）於屋旁，藉以記其年歲。余曾至土人處購物，偶詢其兒女之年歲，彼卽指樹而答，謂彼等與樹同年。尤可笑者，土人有諺曰：『植其本者，必先取其果，』故爲父者往往在其女成年時，首先姦污之。

新年節自吾人之復活節起，凡六星期前三星期中，彼等每日沐浴後三星期舉行各種娛樂。

土民之房屋，視情形而定有互相連接者，如歐方之村落然土人稱曰亞爾丁（Aldeen）。有築在高地以避水患者，均用樹葉鋪蓋內部普通僅屋二間，一間作食宿之用一間屯積糧食食物之上，均塗牛脂，以避蟲虱；錢幣則置於瓦罐中埋藏地下，有時埋於聖地之魔鬼樹（*Devil's Tree*）下。其主要食料為熟米，用代吾人之麪包，佐膳品為各項樹根、果品、乾魚、鮮魚以及椰汁之類進膳時每人持「香蕉葉」（註九）一張，置米於其上，再用手指取菜而捏雜之，塞入口中。

飯前飯後，彼等必先漱口，極清潔。

新加人嗜嚼檳榔，終日無間斷，其製法以遍生果樹旁之一種樹葉，名曰博來（*Bular*）（註十）大如手掌者一二張，內包極精細之石灰，再以四分之一之檳榔子（*Areca* 豆蔻類），塞入其中而捲裹之，即成。此等特殊之煙草彼等終日銜於口中，據云可治壞血症。土人吸普通香煙時，亦不用煙管而用葉包。

「購價須廉，售價須昂，」為交易之通則，故新加人當亦難逃此例。就嚴格方面論，彼等實無特殊營業可言，所交易者僅固定之數種貨物而已。惟有一種習慣，頗稱奇異，當歐人至其店鋪中購奶油、胡椒、糖、蜜、香蕉、米或野禽等物時；及詢問有無此物之時，店主必應曰「乃地」(Netti) 意卽無也。於是購者須進以好言，與其小兒以煙草等物，店主然後詢其小兒願將貨物出售與吾儕否；此後交易則視其答語以爲衡。苟小孩不允，雖吾人予以十倍之價，彼必不願接受；苟小兒允其出售，彼於成交獲錢後，必向吾人索回此種貨品若干；無論此貨之存數多寡，蓋已視爲慣例矣。

新加人至恨偸竊行爲，犯之者處死；對於君主須絕對服從，否則不獨死彼一己，例須夷族三代。堪的令王爲一暴君，歐僑常被拘禁宮中至一二十年之久。據亡命出外者云，此數年間，歐人因細故死於王手者，不下三百人云。

茲請將其軍隊略述之。彼等有一大將，官名曰「地賽夫」(Dissave)，(註十一)其次有「山地思」(Sandis)，再次有「亞拉思克」(Araski)，統率士兵二三十名，最下級之官長曰「伍長」。其槍銃與大礮相彷，置於三足架上，前二足較長，後足較短而闊，其彈非用鉛製，而以鐵造，由貴族攜帶作戰。

兵士上戰場時，或三十五十或千百成羣，跣足執盾持矛，攜火具槍銃者極少，即攜之亦不能射擊。前進時必列單行，因畏荷兵之掃射也。其鼓手不受人重視，係一種特殊階級之人民，特牛肉及其他獸肉爲生，名曰「包如亞陽」（Borrowayen）腰懸皮鼓一二具，能擊出種種音調，兵士循聲進行，毫不紊亂。每當清晨薄暮，鼓手例須擊鼓二通，鼓聲不一，和以彎直二種喇叭，調頗悅耳。

荷人如被擄去，必無復歸之日，終身受其威迫，作奴隸之生涯，且受嚴格之監視，絕對不得潛逃。荷人之背國而逃者，堪的王願維持其生活，惟不給官職。

尙有一種島民曰馬拉巴人，遍佈於牙拉·答他哥羅（Gala Batocalo）、特靈科馬利（Trinconomala）、若弗那、馬那拉、亞利本（Apripen）、卡爾品丁（Calpintin）及尼古巴（Negombo）等地，體態頗佳，膚色黝黑。此人均受荷人管轄，惟其中有一特殊階級，名曰「哇宜」（Wani）者，仍自擁一王，但按年必須貢若干金錢與東印度公司，此外尙須象若干匹。

考此地之馬拉巴人均自馬那拉附近之馬拉巴海岸而來，原係薩美林（Samorin）、加利格（Calicut）、加那諾（Cananor）及其他諸國之人民，多信異教，其中崇拜魔鬼爲神之人，人稱之曰

「維斯利普斯利」(Vitzliputzli)或「交色」(Joosie)。又有人以毒蛇、爬蟲及大象爲神者；總之，各擇其所喜而祀奉之。平居不食豬肉及水牛肉。親長死後，雇老婦爲之痛哭終夜；且對死屍狂呼曰：『亞九・安尼亞特；亞利亞特；英由哇瑞』(Ajo aniate, ariate, inguwarre)等語。其意卽『汝何爲而死？其速歸來！其速醒來！』然後葬之。至死者所居之茅屋，必須棄去，另建新屋爲家。

馬拉巴人較新加人稍爲文明，其服裝亦較整齊；婦女出外，例用白色麻布遮披全身，僅露眼角，以辨路途，蓋其顏面不願爲歐洲之耶教徒所望見也。其臂與腿，均戴銀環；耳邊及指上，亦飾有金銀環佩，以眩爲美觀。

馬拉巴之數目字，其讀聲如下：

一……奥內拉　(Onɔra)

二……輭打　(Renda)

三……米拿　(Muna)

四……耐來　(Nala)

五……安斯（Anse）

六……啊拉（Ara）

七……烏來（Ola）

八……鄂耳特（Orta）

九……烏達（Otta）

十……巴打（Padda）

十一…巴當拿（Paddona）

十二…巴打・輭打（Padda-renda）

十三…巴打・米拿（Padda-muna）

十四…巴打・耐來（Padda-nala）

十五…巴打・安斯（Padda-anse）

……………………………………

馬拉巴人行禮時先以手加額，然後曰『答木利安·亞馬打蘭』(Damrian Amadran)，對方亦以此語回答，互表敬意。

馬拉巴人作書，係用鐵釘在樹葉上畫字，積葉而成册，卽彼輩之典籍。

吾於此擬將荷蘭人征服馬拉巴，及一躍而爲馬拉巴主人翁之經過，爲讀者略述之。自西班牙人收服斯土後，卽與築礮壘，勢力大增；直至葡萄牙人在西班牙本國稱叛，並聯合東印度之西班牙僑民，另立君主之後，遂使西王失其全部權利。於是此大好領土，亦不得不拱手讓人。及葡人據有馬拉巴之後，因欲擴張勢力，曾進攻堪的國，大施其屠戮焚燒之卑下手段，以駭堪王，但結果無效。此時堪的王鑒於自身地位之危險，遂乞援荷人以抗葡方。荷人乘此時機，大舉侵入，竟將全島城堡悉數收歸已有，而代西班牙任馬拉巴主人翁之地位矣。遙溯二十八年之今日，正科倫波城受圍之時也。

堪的王共有兵五萬，荷將胡爾思特 (Vander Hulst) 統軍十二隊，每隊有兵八十名，另備八艘軍艦。二人撇棄異教與耶教間之陳見，相互結合，訂立條約。約中所開者，卽『科倫波城破後，堪的王以舊堡爲宮，管轄地帶自科城外八浬(註十二)之尼古巴堡起，以至堪的國全境。荷人得佔領科倫

「波新城及其他要塞，並可在島中自由與土人作任何貿易。」

科倫波城卒爲荷將顧英思氏(註十三)所破，蓋前將胡爾思特氏已戰死沙場矣。堪的王因尊重條約，竭誠相助，及城破之後，亦率軍而進。此時荷將僞爲犒賞，調堪的王軍四佈街衢，然後遣己軍將其所有精銳均撲殺之。顧氏爲何出此毒計，作者不便詳陳，恕我從略。結果堪的軍人死亡無數，餘亦潰逃。堪王本人，幾被擄去，幸其所乘之象，披荊穿棘，登山越嶺，遠竄故宮。經此番磨鍊之後，王誓不再與耶教軍人合作，以免入其陷阱；惟有繼續征伐，以報舊仇耳。

後此二十八年中，王對於我方之情感甚惡。至荷人之被其殺戮者，數以千計，是以荷兵每呼錫蘭島爲刑場，謂奉調至此，無異判受死刑云。抑有進者，島中多吸血動物(註十四)，故在急雨之後，水蛭即遍布地面，吸吮人畜之血而生，爲害極厲。餘如氣候之惡劣，飲食之不充，均足使吾儕顛倒失常，頭暈眼花，甚而四肢不遂。此外患赤痢而死者，煩悶憂鬱而歿者，亦不在少數；余曾於某次調查醫院中所有之病人，發現其中臥病之軍人，竟較營堡中無病之軍人爲多，其地之不適宜生活，由此可證。除前述者外，尚有由縱慾染性病而喪失健康者。

*　　*　　*　　*　　*

（註一）本記作者適威思爾氏所記逃之城堡，其先後之次序，係循鐘錶時針行動之方向，而以科倫波爲起點。其所標之地名，與今皆有出入。至 Jafnapaparnum 一字，確係 Jaffna 或 Jafnapatan 之誤；其地在錫蘭島之極北端，漢譯名曰若弗那。

（註二）見本書導言之「註二」。

（註三）天堂鳥一名風鳥，爲南洋羣島東部所產之最美麗的鳴禽，其羽毛可供帽上之裝飾。關於其種類及分佈，可參閱華勒斯著馬來羣島科學考察記（萬有文庫第二集有呂金錄氏譯本）及黃素封編南洋動物界一瞥載商務出版之科學的南洋。

（註四）諾克斯原名 Robert Knox，爲一水手，一六五九年在高底亞灣 (Kottiar) 遭覆舟之難，被堪的王拘去囚禁約二十年，曾於一六七九年潛逃至科倫波，二年後著錫蘭史料（*An Historical Account of the Island of Ceylon*）。

（註五）諾克斯氏之拼法開列於下，至適氏之拼法，均用括弧標之：

Echoi(Eckai)：Dechoi(Deccai)：Tunhoi(Dunai)：Hutterhoi(Hattarai)：Panhhoi(Paurai)：Hoyhoi(Hasai).

（註六）「糖樹」二字係按英譯本 sugar-tree 翻譯者；據 Gerth van Wijk：*A Dic. of Plantnames* (the

Hague), 1911 之記載，此乃 *Anona squamosa, L.*

（註七）「類甯」由原文 ell 一字之音譯，在拉丁文作「肘」講。肘的長度，乃一種古時量布之單位，英國爲 45 吋，蘇格蘭爲37.2 吋，法國爲 54 吋，今已廢。

（註八）雅更樹即 jager-tree 之譯名。按 H. L. Gerth van Wijk 著之 *A Dic. of Plantnames*，此樹爲椶櫚科之 *Caryota urens*，可製糖，又名曰 jaggery-palm。（素封誌）

（註九）「香蕉葉」由 fig-leaf 譯來； fig 一字普通英文字典均釋作「無花果」，係 *Ficus Carica* 所結之肉果。此種植物之葉爲三裂或五裂之掌狀葉，不能用以包裹食物。書中謂土人吃飯時，皆用 fig-leaf 以代盤碗，就南洋到處之習慣考之，其所用者實係「香蕉葉」也。香蕉在昔日曾被歐人稱作 Adam's-fig，見 van Wijk著 *A Dictionary of Plant-Names*, Vol. I, p. 862.（素封誌）

（註十）素封按此物爲爪哇島上所稱之 sirih，即 *Piper Betle*(=*Chavica Betle*)之葉。

（註十一）Dissave 由 Disawa 而來，Disawa 又由 Disawani 變成。按 Disawani 作「省」字解，Disawa 即「省長」也。

（註十二）英譯本爲"8 leagies……"茲譯作「浬」。

（註十三）願英思氏事略詳本書導言、第二四頁

（註十四）素封按此處英譯原文爲 "……they have there but the Blood-Suckers, or Hedge-Hogs,……"（原書頁二一三），但在後（原書頁二二三）又云 "Blood-Suckers, or Leeches……They keep in

Water, and are made much like our Hedge-Hog"依上引之第一句言之，則原著者認「吸血動物即猬」；然第二句之意，則爲「吸血動物即螞蟥……在水中極似吾國之猬」，又不爲猬矣。

依商務動物學大辭典（頁一八四九）之解釋，Hedgehog爲「猬」或「刺猬」，乃一種哺乳類之食蟲動物，而非吸血爲生者也。牛津之 *A New Eng. Dic. of Historical Principles* 亦作「猬」及「海猬」（sea-urchin），並未提起「吸血動物」，想係原著者之誤稱。（素封又識。）

# 第五章

錫蘭之各種禽獸——奇怪的象——其捕法——野牛、虎、熊、胡狼等及罕見之「凡而菊寧」（Bitsche-Vergunie），亦稱曰「尼古巴之覔鬼」——鱷魚壽長三百年——各種蛇、蝎、蠕、水蛭、劍魚、鯨魚、帆魚、聖彼得魚、海豚、華臍魚、龜鼈等等——馬拉巴人網魚之狀況。

此章擬專述錫蘭島之各種動物。

野獸之中象佔首位，較他處所產者爲佳，可用以作戰。土人廣搜之，經訓練後，送至波斯、蘇拉特、蒙古帝國（Great Mogul）（註一）等國，荷人專備之以作戰鬭利器。

余曾細考象之性情舉動，覺其智巧與記憶力極爲發達，可稱爲一種賦有理智之動物。此獸從不忘主人撫愛之恩，同時亦深記虐待之情形，百計報復之。據云兩性接觸時，力避人類之耳目，必先盤徊曠野，掩蔽林中，偸窺有無行人，然後相互偎依。雄者之睾丸不露體外，雌者於二前腿間哺乳。

象每七年生一小象，由母象哺豢七年。逾此時期，另有小象產生矣。彼等恃草葉、米、椰子及香蕉等爲生，如有人與之麪包亦喜呑食。食時先以長鼻捲物，然後擲入口中，惟在嚙草之前，必用鼻蕩擺以去其上小蟲。倘或不愼，將小蟲呑入口中，則亂撞亂踢，似不堪其擾者。

象身除尾部與耳部外，無毛，然極善游泳。其年齡據準確統計，平均在二百歲以上，平日結伴一二十，來往森林間。一羣象中由一象王領導，幼弱者居中，晝行山上，晚宿水邊林間。途遇亂枝雜樹，輒用鼻捲去之，發噪聲遠播一哩以外，居民聞之，必狂呼乞援，先喊「唔唔……！」之聲相招呼，然後高呼「象來了！」(Alia innuwate)。於是燃火把以逐之，蓋恐其奔撞前來，損害房屋、果樹與田作物也。當收穫時期之前，土人數十成羣，通夜守視田間，時引吭高歌，借以相娛；如隱聞象聲，必相互驚呼，燃火把，視爲驅逐之妙法。

至於捕象之法，共分二種：自特靈科馬利以至巴達克爾(Batacale)一帶之馬拉巴人，均深信魔神，故於出捕之前，例須致祭，以求佑護。然後用徒手捕捉，及擒得一象後，卽以牛皮緊縛而馴服之。惟波斯人與摩耳人(Moors)多不敢購買以此法獲得之象云。

另有一法，係用陷潭以捕捉之者。余曾於距科倫波二浬外巴太來米拉(Battalamuda)村附近之哥泰國（Cotta）中，目擊居民用此法獲得大象五十頭。其情形如下：

居民探得象羣出沒之處後，即向總督報告，由總督指定打獵日。屆時全島人民，無論貴賤，均須於指定地點集合。總督率領全部兵士鼓手簇擁前行，齊集後分翼而進，大聲疾呼，繞山穿林，及晚始止。每距一投石之遙，豎一火具，以防象之襲擊；次晨再進，漸將象羣包圍於中心。如見其衝回，必擊鼓呼號以嚇退之，否則一象衝出，羣象後隨，其勢猛不可當，則不易抵禦矣。如是凡三四星期，捕者連接至二三十哩，然後遣馴熟之家象誘之入陷阱；至野性最猛者，須繫於二馴象之間，不與飲食，使其性漸趨和緩，及至最後野性全除，即孩童亦能治之，至此始餵以食料。其始終不受吾人驅使者，蓋爲數亦不少焉。

東印度帝王及商人等購象時，計重論價，先量其高度，如吾人之量馬然。自地面至其背脊爲若干寸，然後估定價格爲幾何。大概言之，其價約在七百餘大圓至一千大圓（Rixdollar）之間。買後或用以作玩物，至特大之象，或用以作戰，或用以負重。大蒙古國之戰場上，輒有此物四五百頭，即吾人亦利用之作戰，吾輩中每隊必備一象，後當詳述之。

象牙名聞於世，象肉則不能食，有如棉絮，二三日卽腐。象皮殊厚，不能穿著。惟其尾毛，能治痙攣，土民極寶貴之，亦可編成環佩，作指上裝飾，如「戒指」是。

大象負重行走時，不時迴顧，窺重物有無增加，如被發現增重，必不願再移一步，主人非將該物取去不可。更有進者，余曾於科倫波及若弗那二地，常見堡中載石之象，於午前十一時當小工及奴僕等午餐之時，站立不動，不進一寸；雖已至終點亦然。驅之策之，均無效驗，寧非奇事。

錫蘭產牛至多，尤以卡爾品丁（Calpintin）及其附近爲盛，其形如匈牙利之牛，而力較大，其角約長二碼，作深灰色。白晝浸沒水中，晚間呼吸草中。其肉可食，置鹽中，浸二三日後，並可作鹹肉，惟性熱，食者易起赤痢之症。此牛不喜人類行近其身，苟有幼牛在側，更前後護視，歐人行抵其旁時，輒遇危險。

虎亦遍佈四處，喜食獐鹿等獸，且能害人；其身大如騾而較長，有黃白斑點，形酷肖貓類。其肉色白，可食，其皮可製腰帶革袋等，惟人都用以蓋箱籠。此物常發奇腥，獵夫順風嗅得之，可擇道躲避。

熊亦猛獸之一，散居林間，惟無大害，如狼之在德國然。

豺形如狐，鼻較尖，終日伏居穴中，深宵始出，集百餘成羣，往科倫波城之外，找覓屍身；間或有一二可憐蟲，臥宿郊外，必遭其害無疑。

尚有一種動物，爲數甚少，名曰「凡爾菊寧」(*Bitsch: Vergunie*)，荷人則呼曰「尼古巴之魔鬼。」因其性特殊，而時於尼古巴附近發現也。其身高約一碼，長三碼，有尖鼻銳齒，全體如有黃殼包圍，遇有危險，可捲成一團。晚間發出怪聲，驚擾崗兵。

懶猴(*Lewer*)，荷名之曰「懶獸」(*Luiste Dier*)，形如猴子，骨瘦如柴，無論飲食行走，動作非常遲慢；即有厲犬猛獸追蹤之，亦不改其常態。迨其敵相距不遠時，突轉身怒視，凶猛之犬，無有不退避者；蓋其雙目凸出頭前，爲狀至駭人也。如有人追之，亦作前狀，惟吾人非獸類可比，自可用巧計擒之，或用口套拘束之，如繫猴然，以作玩物。此物就擒後，舉動仍極遲慢，每日不能行一哩以上，若釋放之，必躑躅本地而不遠離。

此間猴子頗多，名曰「瓦都拉」(*Wandura*)，身黑，僅後部有一白圈；口旁有灰色之鬢，初視之，其形酷似新加老人，惟有一極長之尾耳。此獸跳躍樹上，作噪聲，幼者攀援長者，紛擾莫名。獵者射之，長幼俱墜，可以棄其死者而育小猴。惟此種猴類，將來斷非良種，其他猴類所演之技巧，此物必不能學習，是以人都不願濫施養育。據云猴類如被吾人射出臟腸少許，必用兩爪將其全部抓出而後倒斃，亦烈性也。如被擒獲，雖與異性同處，必不願交。

野貓共分二種：一種與普通家貓無異，恃各種禽鳥爲活。一種形似松鼠，名曰「椰汁貓」(*Suri-Cats*)，因其喜伏居椰樹間，收吸椰汁也。其髮作灰色，發音如火雞之鳴。

獐較荷蘭所產者稍大。

鹿有白斑，較小。

野羊較吾方之兔略大。

兔較小。

野熊(*Wild Boar*)與非洲所產者無異。

以上各獸因捕捉者少，繁殖異常，種亦佳。

馬那拉島(Manara)及若弗那對岸之小島中，並產野馬，馬身較荷蘭馬稍小；其佳者可作坐騎，或用以負重御車。

至於家畜，則以牛類爲最多，每頭價值不過二三盾。

水牛價稍貴，約值三四盾，善於耕田。

羊分三類，其一來自波斯，羊毛與荷蘭產無異，但尾甚沈重，可二三磅。其二來自非洲，角長九吋，無長毛。其三亦有毛，如第一類，惟兩耳至長。

山羊頗多。豚與荷蘭產無異，尤以馬那拉豚爲肥，價在一大圓以上。

野禽中以孔雀爲最貴，與他處孔雀不相上下，但亦有作深白色者，如天鵝然。

野雞亦如吾方所產者。

他如水禽、鷸、鴿、藍鷺、黑鷺、鵝、鴨等物，概從略。玆請一述鸚䳇之狀態。按此間所見者，共有三種：最大一種色青，間以紅色、藍色，頸上有一黑圈，爲佳種。第二種全身青色，頸上有紅圈，較賤。最小一種最無價値。彼等食米及香蕉，佳者能學人語；若於幼時朝夕教之，必能成功。

至於鷹鴉等物，爲數亦不少。

蝙蝠分二種，其一身小，夜間始出，其一至大，前已述及。另有一種拿威鳥(Navi)，以其慣作「拿威」之聲，故名。葡人聞之，即預測短時期間有新船抵岸。

錫蘭無鵝，所有者均自好望角運來，嘴上有瘤，價值一大圓。

其他家禽，觸目俱是，每辨士可購雛雞一隻，或雞卵五六十枚。鴨勤於產卵，日無間斷，價值二辨士或二辨士半。鴿多來自荷蘭，十辨士可購一對。

河中所產之四足獸，首推鱷魚，吾人入水捕魚或游泳時，偶一不愼，輒遭其害，至其性情形狀，余今描述於下：

鱷魚之爲物，雖甚凶狠，然常人亦有言之過甚者。其性孤獨而不合羣，終日飄浮水面，飢餓時逢物即吞，無論人獸狗魚，均付之腹中。其齒長如人指，口常開張，有一種鳥類，專爲剔齒隙雜物。晚間登陸求食，或遺卵沙上。卵之大約二倍於鵝蛋，經日光曬射後，小鱷即出，長可半碼。厥後漸漸長大，年歲愈多，其身愈大，自二十呎至二十五呎，而三十呎；周身鱗甲，齒銳利異常，尾更有力，常能憑一擊而死水族。登陸後，馳行至速，惟不能作小轉灣，蓋其體笨重異常，背直而不曲，非繞大圈不可也；人類即利用此機會，以資逃避。

「開不榮谷」(*Caprigoy*) 一獸，形極似鱷而無鱗甲，有特長而尖銳之舌。據余所見，最大者約長十呎餘。

另有一種相似之獸，名曰「來古温」(*Leguwan*)，體稍小，肉可食。

蛇有多種，其一名「伍爾格」(*Worger*) 者，長約十至十五呎，行人遇之，輒爲之緊繞其身而窒斃。因此土人出外，常佩帶利刃，一遇此蛇，即斷其要害，借以滅除之。

其一名眼鏡蛇 (*Cobras*) 者，慣居寺院或房屋中，性惡而毒，被噛者必死無疑。其長約自四呎至六呎，怒惱時頭上突起一白泡。

尚有一種曰食鼠蛇 (*Rat-Catchers*)，不若眼鏡蛇爲毒，常居房屋中，長達九呎至十呎，其捕食鼠也，有如貓然，若吾人不先擊擾之，則絕不傷人。

尚有所謂青蛇者，潛居樹上，乘行人不備，突出探其雙目，身長約二碼。更有最毒一種，有二頭，每端各一云。

凡受蛇毒者，有兩種治法；一用巫術，一用蛇石(*Serpent-Stone*)置於創口，能將毒汁吸入石中，移時以石浸於牛奶中，迨奶色青黑，則石內毒氣已除，又可重置創口。若其中毒汁尚未收盡，石必黏附不去，否則不待取而下垂，創口亦稱全愈。

錫蘭多蠍，大如螃蟹，有利刺，被刺者至少須負痛兩日，惟無生命危險。

蜈蚣有百脚蟲之稱，葡人亦呼「百足蟲」(*Cente-Pe*)，長約半碼，頭生二角，用以刺物，腹充毒汁，呈青黃色，被刺者不獨覺奇痛，且極危險。若卽以椰油遍塗傷口，可免大患。

蟻有三種：曰紅蟻，曰黑蟻，曰白蟻。紅蟻最大，寄居蛇穴或鼠穴；黑蟻伏泥土中，逢人便刺，痛可半小時。白蟻處家具中，時損布匹與衣服。

此外蚤最多，若室內不塗牛糞，幾使人不能休息云(註二)。

空氣之中，充滿蚊蠅，有時吾人竟因之不能飲食，須待夜間清靜後，始得進膳。

吸血動物如水蛭之類，爲斯島最可厭之動物；以北方堪的至科倫波一帶爲最多。此蟲分大小二種；大者擾牛，小者擾人。大者涉居水中，有如猬(*Hedge-Hog*)，(註三)逢人或畜，卽緊附吸血，非飽不休。飽後其腹較前大至三倍。若吾人用手擊去之，其身立斷，而頭仍在肉中，爲害尤烈，最佳之抵禦法，厥惟用青檸檬或上等醋與鹽或硝石遍塗其體，則彼立墜無疑。

小者形似稻草，長約三吋，作櫻黃色，無眼無足，乾季不能見，雨後滿佈街衢林間。彼等不效蟲行，倒豎向上，黏貼人身後，不易除去，亦有大害。據云此物係琪的某王之妹名蘭美媚亞(Lamammea)者所引入，以治葡人者；以其兄爲葡人用強暴手段所擄去云。至於此事確否，須待閱者自斷。

海魚之中，劍魚（*Sword-fish*）爲首，長八呎至十二呎，鼻端有刀式之物，故名。齒五十枚，均大似手指，其刀之最長者，據余所見，約長四十五呎。其肉可食，愈小者愈可口。此魚不與鯨魚爲仇，因慣處熱帶，不喜往北。其與鯨魚爲敵者，另有一種，刀長於背，多產於格林蘭及也是島(Ysland)附近。

鯊魚喜吞人，然自身亦常爲人所捕捉殺食。

帆魚（*Sail-fish*）背負大鰭，凸出水面，順風而進，頭長約四十五吋，體長二倍於頭，其肉味雖不美，但人多食之。

另有一種名「烏安・愛格卜爾參」(*Oan-Egbertsen*)之魚，長二十餘吋，多血，滿佈河中，一網可七百至九百尾。捕魚時期以二月爲最盛，其時不特魚價極廉，其他肉類亦特賤。

聖比得魚(*St. Peter's fish*)或五指魚(*Five-finger-fish*)，亦名皮魚(*Leather-fish*)，因其皮至厚，且背上有白紋五條，形似人指也。魚長約二呎，肉鮮美，三月間最多，一次可捕二三十尾。據葡萄牙老人言，聖·比得曾捕得此魚，加掌於其背，故有五白紋。此言是否可信，須詢諸讀者。

約克魚(*Jacks*)與荷蘭種相同，長一碼、二碼、三碼不等，可於四五月間用魚竿擒之。

金絲魚(*King's fish*)如吾方之鯉魚，爲最良種。

克卜令魚(*Cablins*)形似鯡鰊，而較闊，喜羣游，故一網可獲巨量。

海豚爲數至多，長五六碼或二三碼，有尖鼻如普通豚鼻，肉肥而熱，游泳水中速率較其他魚類爲大。

「海魔」或名華臍魚(*Sand-Creeper*)，長約五六碼，頭闊而扁，上黑下白，厥狀駭人；常潛匿水面二十尋以下，不易釣得。

斯凱脫魚(*Scaits*)作扁圓形，身中生二眼，尾平扁，約長二碼，味極可口。

箭尾魚（*Pill-Staert*）亦頗可口，惟其尾至毒，傷人致命，捕得後應速割去之。

龜之最重者可二百磅，遺卵於沙地，每次約一百枚。卵無殼，僅有韌皮，由陽光孵化而生小龜。當其登陸時，印度土人每翻置其背，使其爪不能運動，然後集二三人抬之於市而剖殺之。龜殼之大者無用，小者可製梳子等物。

海蟹有大爪，海貝有堅殼。

海虱有白殼，大如胡桃，羣居沙灘，僅馬拉巴漁夫食之。

貽貝常黏附石上，可於退潮時採取之。

馬拉巴人之捕魚法，與吾歐人所用之法大同小異。其網特大，周可半哩，用木浮於水面，中部置大袋，收網時將魚類盡驅其中。

至於新鮮河魚，則聖必蘭魚（*St. Pilang*）長約一碼，頭闊而光滑；禿頭魚（*Bald-Head*）形似鯉魚，頭部稍異，重約七八磅。另有「愚魚」（*Fool*）者具特性，據云食其頭中物者必致愚笨，故人得此魚，卽去其頭部。至其餘身上之肉，味極鮮美。巴各（*Pager*）爲一種黑魚，身圓有尖刺，頭殼厚而堅；

其他如白揚魚、龍蝦等物，爲數亦多。

火魚(*Gurnet*)亦小魚之一，形似龍蝦而無殼；周身有鱗，漁夫用之作引誘大魚之餌。

*　　*　　*　　*　　*

（註一）蒙古帝國即指一五二六年 Baber 在印度之德利地方 (Delhi) 所建設之國家；The Great Mogul 亦指此國之君主。（素封註。）

（註二）此句英譯本原文爲 "Fleas are here in Shoals, so that men could not have any rest, if they did not besmear all their Houses with Cow-dung, to keep them away".

（註三）參閱本記第四章註十四。

# 第六章

錫蘭每年祇分二季——雨季中洪水爲患——皋亭幾耳堡屢爲堪的王軍攻擾——著者奉調安哥拉督：該地之情形：歐人與新加婦女同居之生活——著者重回科倫波途中某船陷落——渠與某議員同居後，調往馬爾溫——不衛生之區城——因堪的王率三萬軍猛攻該地，然其大將竟歸降荷蘭——堪的王子逃出科倫波——著者與義勇軍二隊出差途中備嘗饑饉之苦且赤足而進——抵卡爾品丁、亞利本馬那加及若弗那等地每處有詳細之報告——最後至挪浮堡中二箭回科城後治愈。

錫蘭每年僅分二季：曰良季曰惡季，每季約五月。三月與九月兩月稱爲無定月。此二月之中有二「至」，每月之十二日曰「舊至」(Old Stile)，二十二日曰「新至」(New Stile)。

三月中淫雨開始，由科倫波之方向射來，直至九月始止，故河水漲溢，汎濫鄉間，人畜往往爲洪水衝沒。野獸多逐至山頂，極易獵得。

九月雨止，氣候如荷蘭之四月，烈日漸漸施威，河水漸縮，小河亦有乾枯者，獸類欲飲水時，非行遠路不可。

在此良季（據彼等之名稱）中，雷電頗多，有時樹木觸電裂爲片片。陽光似終日不離，是以日短日長，概所不計，且此島常溫不寒。二月中西風漸起，流行約四月，屆時人民可穿棉衣，而海中波濤澎湃，漁夫須停止工作。更有一奇事，即科倫波之一邊，如在良季，則他邊卡魯滿德海岸、若弗那、馬那拉及巴泰各婁（Batacolo）等地，必在惡季；距離雖不遠，而氣候則迥異。

余等駐守加耳徐（Galture），日間築堡，入夜放哨（所謂夜者僅二小時而已）。自一六七七年四月二十二日起，至是年九月終，日日如此。爲首者係一副官，波希米亞產，人稱之曰亞當·斯來希脫（Adam Slecht）。

十月一日奉總督命，調往六浬外之皋亭幾耳邊堡（Caudingelle），共有歐兵四十名，新加兵（註一）二百名。

余等途遇風潮，河水汎溢，不得已將衣服高捲而水蛭爲患，刻無寧時。及抵該堡，則四顧荒涼，樹木縱橫，二浬以內，行人絕跡。蓋堪的軍時來擾亂，盡殺人放火之能事，駐兵不敵，均已退入深山也。

考荷人之築斯堡也，迄今不過數年，惟因爾時未能奠定基礎，備妥器械，因而終至失守。堡佔地約二畝有四稜堡及胸壁等物。歐兵於是駐紮堡內，新加兵(註二)則在外工作，將四周亂木斬伐殆盡。日間吾人固無危險，入晚堪的軍人與野象之患，自不可不防。後者較易對付，蓋吾人有充分之木柴，若集而燃之，無患彼等不轉身而逃也。至於全隊之輜重與食料——鹽、米、鹹肉、鮮肉、燒酒——均存於二哩外之安哥拉督(Anguratot)庫房中，由余專司管理之職。水料則於堡外汲取之，不另保藏。

八日後，堪的軍在大盜丹奈古氏(Dissave Tennecool)(註三)領導之下，大舉來侵。吾方之連長(註四)得悉報告，余等不得已將堡焚毀，全部退至安哥拉督附近。後奉科倫波司令部命令，仍回加耳徐(Galture)原防。

十二日，余就任安哥拉督司庫長兼主計官，該處長官及少尉巴思外德氏(Busterweld)(註五)等，極誠歡迎。少尉負有重任，係吾國駐堪的大使，邀余居其寓所，藉聯友誼。安哥拉督殊堅固，四周有礮護衞，清流一道，自沙夫瑞安(Soffrigam)流來。河中產佳魚大龜，近旁房屋櫛比，居民數千。各種食品，如家禽、牛油、蜜糖之類，倍極便宜。能通新加語者，居此尤爲安樂。

歐人居此者，爲數僅四五十，每日朝晚祈禱二次，星期日加以佈道唱詩。哨守以晚間爲最嚴，缺席者處死，日間可輪流休息。每人於堡外租小屋，各有新加士婦烹飪伴宿，如生白種小孩，則父母親族，皆大歡喜，引以爲榮。惟歐人如欲離境，必須嚴守祕密，否則士婦必設計毒害之，或迷亂之。余曾見儕輩中往往有已行二三千哩而仍歸者，寧非怪事。

十二月晦，少尉巴思外德得科倫波方面公文，召回原城，因詢余願否作伴同往，余允其請。遂雇船三艘，裝載行囊，同返科城。

一六七八年正月二日清晨，離安哥拉督，囑新加人（每船四名）特別注意。因中途有亂石灘二：一曰「小地獄」，一曰「大地獄」，均極危險，曾肇禍多次，前人遭滅頂者不計其數也。並遣一經驗豐富者乘船領導。乃彼與其他水手，划行不力，眼見全船之米、禽與人同沈水底。於是後船中人大爲震驚，幸經少尉與余極力鼓勵，竟出險地。四小時內計行三荷浬而達加耳徐堡，可憐彼四水手之音容，隨流同去。

副官斯來希脫誠敬相迎，邀往午餐，另撥新加人補足原數。且鑒於科城離此極遠，特命備就荷輿(Palanquins)二乘。此輿乃一種特製之椅，可坐可臥，頗精巧；每乘飭二奴擡之，進行極速，安抵科倫波。

五日、少尉又將行李搬至船上，爲余介紹隊長溫答伯氏(Witzenburg)；然後於六日登船出發；至加拉岬(Punto de Gala)又採集肉桂與胡椒，始行放洋。

溫答伯隊長年約五十，爲一勇將，曾爲科倫波司令，亦八議員中之一。議員位極尊貴，有權判決各項罪案。會議以主要商人樊·夫而登(Van Vorsten)爲議長，此人係艙房使童出身。就事實論，議員中多半不能寫讀，余所談之隊長，位列第三，亦不通文字；遇有控告事件，必移轉訴狀至五百哩外之吧城。

余與彼同居可五月，結爲良伴；在彼未至議會前，余必爲之先將一切公文詳爲解釋（按罪犯必首解至議會），並參加意見，間時且爲此君答覆各方書札。

七月一日、余迫赴科倫波城四浬外之馬來汾小堡，留守四月。該堡頗強固，有護壁戰壕，野礮八尊及其他武器。駐兵凡六十名，爲首者乃副官歐登博氏；其地常有霧氣，極不衞生，故駐兵常時調防。

、六日據報堪的王將來此攻堡；十六日大將地賽夫（Dissave）果率三萬衆來攻，前此述及之巨盜丹奈古氏，此次曾陰與吾人接洽報告消息。

十七日、彼私來請降，謂因受堪的王之欺騙，不願臣事，將設法報復，不再來擾吾堡，惟囑嚴守祕密，免爲其兵士懷疑。吾方於是向科倫波城請示，及回令傳來，命彼躬至科城，不准進入吾堡。

二十日、彼率精兵三千至科倫波，由總督接見後，獻金鍊一條，錢三百大圓。堪的王聞訊大怒，下令解圍，一方將丹奈古全族抄斬。

十月三十一日、吾人期滿回城，途遇大河，乃以二船橫跨其中，七八人同時並進，而不幸事爆發矣。奇禍之起因，由於船身過小，水手正推櫓前進時，繫船之繩索忽斷，二船同覆，余最屬危險。有一笨漢下水，緊握吾足，二人幾同歸於盡。幸余手快，急握繫索之木柱，得免於難。下水之人除善於游泳者得瞬息出險外，餘者均攀援其上，亦得不死，蓋船身雖覆而未沈也。槍彈一部分沈没；此河中鱷魚極多，而吾人竟無一人被吞，亦奇事也。

自一日至八日，余留宿科倫波舊鎮。

七日及八日、有數人出追堪的王子，(註六) 渠已由荷人輭禁多年，擬待老王死後，扶登王位。王子向居於城外舊醫院附近，有一軍曹率士兵六列監護左右，然仍能乘隙潛逃，至今不知去向。據云王子已居科城六載，初抵時宣稱為堪的王族之嫡嗣，應登王位，惟被今王篡奪等等；城內人民卻亦擁戴之，不時獻呈貢品，可以為證。

荷人每月支付銀四十大圓，米四十一「西美瑞」(Simmeri)，(註七) 以維持其生活。此外並與之總管一、巫師一、隊長一、兵二十、鼓手六、跳手(Leaper)四、轎夫八，共計四十一人，作為隨從。此舉也，不僅足以博王子之歡，蓋亦有大利在。荷堪的王死而王子尚居科倫波，則彼等不難託詞使登王位，而訂各項條約，握堪的國大權於掌之中，於是所謂王者，僅一荷蘭人之傀儡而已。

九日、義勇軍二隊，每隊八十名，整裝出發，開赴卡魯滿德海濱。

十日、吾隊總點名，次日發餉二月。長官為副官長龔芝 ( Tobias Guntz )。此人係丹芝克人(Dantzieker)。又二副官，一名孔旭(Koningh)，一名范尼(Vernie)。

十二日、全體分乘二小船渡河，次日抵卡爾品丁，駐於塞外某教堂，即荷、葡及馬拉巴諸國人民禮神之所。該堡當各國必道之要衝，亦居民與摩耳商人交易之處，荷人因遣重兵鎮守之。其主要商品，為類似豆蔻之亞拉克果（*Areek*），印人嗜之如命，啜嚼口中從無間斷，蓋非此不得生也。駐兵約一百名，多攜獵犬以捕牛、羊、豹、狼等獸為食。良以內地除一片野林雜以零落之稻田與小河外，實無足取者。

自十四日至十八日，吾軍安駐不動。是日一令傳來，曉諭全隊士兵各自備糧三日，須於十九日啟程前進。於是儕輩極一時之忙碌。余好奇心重，殊願隨衆探險，因命備就鹹牛脯六磅，餅乾半磅。次晨出發，馬拉巴嚮導者二名在先，餘衆後隨，行行重行行，漸覺飢渴。正午得一井，惟其中乾涸無水，大為失望。繼抵一河，而河水奇鹹，不能入口；衆人於困苦艱難之中，繼續前進。薄暮時又逢一井，以為此際終可稍潤枯喉，孰料井中浮一大死牛，飲水之慾，頓減大半。導者不得已，率衆至半哩外之沙灘，掘土深至二三碼，以求飲料；然吾人心意，仍甚樂也。即晚就地露宿，遣哨兵防守，並燃火把，以驚野獸。

二十日清晨，穿過森林荒墟，耳之所聞，目之所見，無非象豹虎熊，皆不見人影。午前遇鹹水一灣，阻吾去路。三小時餘之後，潮始退，吾人乃置衣服糧食武器於頭上，涉水渡河，牽泥拖水，窘狀百出。有自號聰明者。竟不聽導者言，紛紛投向河道窄處，以爲較易登陸；誰知該處外觀雖狹，而深度特大，且波流峻急，投之者無異燈蛾撲火，大都淹斃，旣登岸又感水乏，忽忽急進，羣以舌舐彈丸，聊慰乾喉，而已。入夜全體集宿一處，間有口渴過甚者，更前進哩餘，鑿潭豪飲，倒臥沙中，以求涼快。

二十一日，兵士三名，奉令自馬那拉（Manara）拽馬三匹而來，供作官長坐騎。余等喜不自勝，躍上馬背，昂然自得，迴顧彼可憐之隨從，仍跣足跋涉（出發時亦然）。午後三時，抵亞利本（Aripon）已極疲勞矣。亞堡佔位雖不廣，而強固逾常，有荷兵二十，野礮四尊，其他應用武器，亦極充實，馬拉巴人繞居四周，產鮮肉、牛奶、牛油、家禽及雞子等頗多，價亦極廉。吾人出錢一大圓，可得牡牛二頭，全體分食，尚有餘肉，其便宜可知。

此堡之設，全爲守護珍珠岸（Pearl-Bank），以防奸徒私行採珠（罪當處死）。其地極不衞生，歐人居此較久者，輒患熱病而死，故駐兵每四月卽須一換，由馬那拉兵前來接濟，然死者常過半數。吾隊留宿一宵，於二十五日再進，及晚始渡一闊哩許之河，而抵馬那拉，計離亞利本凡六哩。該地荷隊長竭誠歡迎，設宴款待，饗吾以魚肉。

馬那拉島周可七哩，前已提及。居民多爲馬拉巴人，豐產禽鳥果樹，四周水中，並多魚類，洵可謂爲人間天堂。堡中有荷兵一百名，每兵有一小童，專事擦槍負槍；另有一婦人專事烹飪，侍候長官之生活，更形安樂。吾人勾留三日，於二十六日分乘三荷船向若弗那進發。

二十七日、抵若弗那，備受歡迎，駐海邊堡中。

二十八日至三十日、每日在操演場中，置大象二十頭，訓練作戰。初，諸象聞槍聲，似極不安，高捲其鼻，憤怒莫名。厥後漸漸安定。由一印人躍登其背，驅至八分之一哩外，然後怒衝前來，余等雖連續射擊，陣線卒破，苟非新加士人用器阻止其行動，必遭踐踏無疑。

十二月一日、卡魯滿德海濱之巴廉堪德(Palliacatte=Palikat)及那加拍頓(Nagapatan)二堡，遣來列兵二隊，駐於草棚中，以制象羣。

二日、加拉(Gala)、巴泰各拉(Battacula)與特靈科馬利亦調兵一隊至此。

三日、列兵七隊，經總點名後，全體出發，野礮八尊，由象拽行；此外另有大象二十頭隨行，抵郊外時，奉令環立一周，恭聆長官訓話，並報告軍律。

若弗那有小王國之稱，荷人自葡人手中襲得之。其堡之建築精緻堅固，有四稜堡、二塔及戰壕等，面水而與馬那拉遙對，荷人造一極堅美之門鍵於其上，以資防衛。

高級官吏均攜妻居堡中，下級軍官及士兵之妻與人民雜居鎮中。鎮周約一哩，有林園多處，不乏通衢大道，惟中多陋小之茅屋。市場凡二：一爲魚市，一爲百貨市，凡普通商品，如絲巾、金銀、珠寶、香料、鹽、米、牛油及煙草之類，無不俱備。流行錢幣，係銅質，價值分一先令、二辨士、一辨士、半辨士、四分之一辨士或大馬加思底（Damagasties）不等。値四分之一辨士之銅幣，約長九吋，可換香蕉十至十五支，其長約一虎口，有時可購魚二三磅，故吾人如攜銅元四五枚至市，購得之食料，足供普通家庭之生活二天。

余於此處，遇一故友，係荷蘭醫院之院長兼帔爾總督（Min Heer Laurent Piil）（註八）之醫藥顧問，學問淵博，成績卓著，士人極信仰之。

四日，全體前進，大佐克利卜氏（Clebout）乘轎先行，後隨步兵六隊，各有一象裝載行李。此行之目的地本定哇宜（Wani）（註九），因其王飛利浦（Don Philip）已死，人民擬立新主，並永遠不向若弗那進貢云。惟彼等聞吾方動員消息後，大爲驚恐，立獻大象十頭，並遣使攔路聲明，以後年年朝貢，不再反叛，祇求荷人能拯其民於水火，不受堪的王之虐政而已。

大佐據情致書若弗那，一方繼續行軍至帔爾關(Pas Piil)堡，兵已備就茅屋及其他應用品，以供駐宿。

五日至七日、各隊因前數日在炎熱之沙地中日行十哩，倍極困頓，即稍事休養。吧城遣發之荷蘭大船三艘抵此。

八日、自科倫波及卡魯滿德開來之兵各二隊，悄悄登船，其餘二隊，留守堡中，以防哇宜事變。是晚，吾儕即向卡魯滿德海濱進發。

九日晨、船抵那加拍頓前，一遊艇與二船率實艦三艘來會，相互聯絡，沿克郎口(Krancho Baar)之海岸而行。克郎口爲一丹麥城，(註十)距那加拍頓凡八浬，其指揮船靠泊岸傍，另有二船在其後，與吾船相互示號爲禮。復前進，經挪浮堡，堡爲摩耳人所建，在其福康德王(V. Ikendal)轄下。堡前泊小舟無數，另有一船獨站前方作偵探狀，見吾艦前進，即揚旗鳴槍示號，於是衆舟齊發，竟認吾爲敵。但其舉動，純屬庸人自擾，蓋吾人之目的，不在是堡，而在巴利西爾（Policere），因其中多拉開太守（Lakay）手下之亡兵，對於荷蘭商務發生阻礙，吾隊奉上方命令，來此殲滅之也。

惟在十一日、一遊艇駛來傳令，謂其地法兵已聞風而逃，投福康德王帳下，吾艦當即歸航那加拍頓，於是晚靠岸停泊，聞摩耳人已逐荷蘭書記官兼馬他巴登（Matapatan）祕書之商人而盡扣其貨，因遣二船載兵一百五十名往探正確消息。

十三日彼等凱旋而歸，謂已復荷蘭商人之居宅，並迫令摩耳人歸還其全部貨物云。吾船於是日停泊不動，以備裝米四百夸透（Quarter）。直至一六七九年正月十二日、始揚帆登程。

十三日、抵荷堡名伯珠角（Punto de Pedre）者，該堡處境至佳，盛產洋葱、酸果、椰子、香蕉及亞拉克果（Areck）等物，角上綠蔭蔽日，造成清涼之走道，凡一二哩，同時亦爲至良好之戰場，吾軍在此安宿一宵。

十四日晨、步行至若弗那，余在途中口渴難堪，乃私入一茅屋，見一老婦與其女兒在內，遂索牛奶一品脫。詢其價，給與一「大馬加思」値二辨士，忽忽就道，追向前方。不料前行不遠，小腿與大腿上，突各中一箭忍痛拔出四顧不見人影因思有以恐嚇之遂大呼曰：『狗子，荷軍大隊來矣！』（O Nay, Dayoli, mettere Landes inguwarre）。然四野茫茫渺無聲響余惟徒呼負負蓋私離隊伍，已犯軍律追談報仇。於是撕纏楡之破絮以裹創口追及前軍負痛至若弗那覓得同鄉盧志（Lutz）醫師，求其診治據云箭頭有毒須剜肉清之。余不得不從其言但心頭常留遺恨吾隊留守多日於二月十四日始由水道返馬那拉。其地本有一船，足載全體兵士乃副官長因裝無數豕豚及洋葱於艙中，備往科倫波城出賣佔據一大地位，故僅願率兵一隊登其船，致吾人留駐馬那拉頗久。以後至三月一日、全體始分爲二列，登二船航回。此二船一爲荷蘭大船「象號」，一爲馬拉巴之舊船，無艙無舵，亦無羅盤針。余不幸入後船，雖聞前船兵士極力勸慰謂吾船如追隨其後萬無一失，而心志沮喪，以爲此行直上死道。下海後，四顧茫茫，幸風順波定，得安然前進。惟在薄暮經亞利本之珠岸時，大雨驟來，狂風突至，雖其勢頗順，惟力甚強，致船身擺蕩時有覆沈之虞。馬拉巴水手四人，因提議靠岸而行以避天險吾人僉以爲是，詎料彼可惡之棍徒眼見陸地在望，一一投入海中渡水逃生，不顧餘衆。幸兵士中亦有曾充水手者，代爲把櫓撐帆。余蹲居爐傍，賴火力以取煖，並借以烘乾此書草稿之字跡；惟雨點繼續打來，將煤灰油污塗滿吾身，次晨竟形同一通煙囪者，污穢不堪言狀；但紙稿無恙，為可慶耳。其時船經一宵之震蕩後，觸於一沙島上，經一老者之指示航經無數小嶼而見卡爾品丁，又一日抵岸，獲得潛逃之水手余等勾留此處至三月五日。

*　*　*　*　*

（註一）見本書導言註二。

（註二）英譯本為 Lascarian，此字由 Lascar 而來。按此字現用作「東印度水手」之稱呼；但在十七世紀時，其意則為「新加士兵」。

（註三）按 Tennekon Appuhami 為新加貴族之一，自稱為卡發滿德海岸 (Coromandel Coast) 王室之後裔，後升任新加王之第一大將。據適威思爾氏下邊之記載，此人遭新加王之猜忌，因於一六七八年十月投誠荷方。

（註四）原文為 Arachchi，乃管率二十人或三十人之隊長。

（註五）按 Henricus van Bystervelt 原係一兵士，於一六七一年冒險出使堪的國，拜見堪的王，因於王前舌戰羣臣，名途卓著。其事略見 Pieris 所著之 *Ceylon and the Hollanders*, pp. 17-19.

（註六）此人乃一神祕之宗教領袖，自稱為新加王之侄，逃至科倫波城後，更名為 Ambanwale Rala，以巫術著稱一時。後於一六七八年十一月潛回祖國（新加）之王室，旋即處死刑。詳見 Pieris 著 *Ceylon and Hollanders*，第二十二頁二十四頁。

（註七）英譯本原文爲"41 Simmeri's of Rice".

（註八）按 Laurent Pijl 卽 Laurens Pijl，此人初任若弗那指揮官，於一六七九年升任錫蘭總督，詳見本書導言第二五頁。

（註九）哇宜位於若弗那半島之南，爲一荒野地域，其時由酋長獨立統治，惟向荷人進貢。其中以 Dom Philip 氏最有勢力。

（註十）按 Kranko Baar 亦拼作 Tranquebar，此地有丹麥東印度公司的工廠。

# 第七章

採珠法：此法何以已停用七年——著者離卡爾品丁至科倫波——途中各種險狀——總督餽贈堪的王之禮物——著者亦爲使之一——堪的人施用卑惡手段首先接受禮物，然後圍攻衛使——彼等退回時，毀去邪廟二所——邪廟四週之異物——回科倫波——城門日閉二次其原因：——西打哇克堡（Sittawack）概況——荷蘭東印度公司中之安汶侍役——河中與地下之寶石——其生長之情形與區域——作者自一僧伽黎老者處騙得綠寶石一顆——奇異之雞——大象墮入井中，永無出頭之日——地震。

余在續述前文之前，請略談此地之珠業。

珠岸均在海中，距陸地不遠，長約二十哩，闊二哩，深自七尋至十尋，此時屬於荷人。產珠之貝殼，大如手掌，往往二三十成羣，緊附石底。人民常就岸探視，測珠已成熟與否，如時期已至，乃紛紛致書鄰王，通知採珠之期，於是馬拉巴漁夫乘舟而來，各以石繫足，沈至水底，滿載其網以貝殼，然後解去石塊，投於網中；由旁人代爲拽起，已則銜上水面，藉緩呼吸。迨舟中盛足貝殼後，划游至岸，悉傾之岸上。另有荷兵一名監視士人行動，防其私自竊取。前三日各舟盡爲東印度公司服務，此後得自由採集，每日付採者工資一大圓。

貝殼累累堆置岸上，商人羣集購之，每一大圓可得八百枚，其利益與損失，全憑命運。有時一殼產珠無數，有時數殼不產一珠，渺無定規。

此八年中，採珠事業突然停止，迷信者言此處已被妖法制治；另一說較爲有理，謂年來海浪暴烈，致貝殼均爲泥沙浸沒云。

六日晨、全體登「象號」大舟，時風勢頗順，預料當晚可達科城。官長與兵士，共計一百十人，糧食極少，計有水一小罏與米一簍。此外有小牛幼鹿各一，係須獻呈總督者。舟中已無隙地，各人除坐位外，直無法臥下。而風自北方吹來，及午而止，舟徐徐前進，沿左岸而行，薄暮時風漸厲，而舟行亦較速；舵手於是囑各員注意科倫波海岸，吾輩遵言守望，良因船中水料不充，無一不亟盼一陸地之出現也。惟在七日破曉時，四顧不見陸地，蓋昨宵波流峻急，舵手偶一失眼，舟身已越過科城矣。諸官長大怒，欲投之海中，幸彼機警，指示方向，及晚亞當山(Pico d' Adam)(註一)遙遙在望。次晨六時，科城已在目前，闔船皆大歡喜。余等因已捱餓二日又三夜，苟再事遷延，必無好果也。舵手懇衆恕罪，並勿以此事報告總督，致受處分。

八日、城門開時，余等魚貫而入，各就原崗。日前與余同居之隊長，具函來邀，余樂予接受，當即遷回其屋。迨十六日、奉總督命，率衆致禮物於堪的王，執行隊長之權。禮物爲波斯馬二匹，配以良好鞍轡，每馬有馬拉巴奴二名牽引。又鷹十隻，由白衣馬拉巴人十名攜帶；麝貓六頭，各居一籠，由二奴持之；綢綢枯瑞尼（Tutucurini）產大雞六隻，亦各有一籠，籠上披蓋綠綢；波斯羊二隻，其尾之重約二十餘磅；箱一具，內盛二瓶，每瓶盛波斯美酒六加侖；此外有大檀木一塊，重二百磅，四纏白布。總督並致堪的王一書，置銀帽中，由一禿頭軍曹持之，其上籠以棚，四僧伽黎貴族各擎一角，其旁尙有一人，手持槍矛式之蠟燭一根。

全部儀仗，齊集總督府前，新加兵數隊爲首，繼之以荷兵，再繼之以禮物，最後又有荷兵二隊。歷隊，徐徐發動，須至堪的王城魯納兒（Ruenel）而後止。同時闔城士兵武裝，四周鳴礮，先鋒荷兵隊，引導全軍出鎭，三呼而別。

其餘諸隊，負禮物循序前進，及晚抵科倫波二哩外之荷蘭陶工居住地，留宿一宵，次晨再行，是夜達一荷堡名漢古耳（Hanquelle 或 Gourwebel），即勾留其中。

十八日，行經泥濘惡道，微受水蛭之累，及抵科城十二哩外之西打哇克（Sittawack）荷堡，立即以糖樹葉作書，致送魯納兒之堪的郡長，報告此事，並請示彼方准許吾軍入境與否。然書發後凡六星期，迄九月底，渺無回音。最後，科倫波指令傳來，謂吾軍須超越魯納兒四哩，將禮物授予郡長而後返。

十月一日，余等遵命出發，渡小河凡七，至魯納兒。此堡本為荷人所有，然不知何以竟放棄主權。過堡後，再行一哩，至一大平原，略事休息。舉目遠矚，隱見僧伽黎兵隊來往四周，有包圍之勢。主將訝異之餘，即遣此方土兵往詢究竟，據答彼等係奉王命來收禮物者。

吾人當不信其言，整裝佈陣，行見彼軍愈聚愈衆，最後礮車出現，其形殊小，率衆攻來。此方再遣使諮詢彼等究欲何為，抑此種舉動係其禮節中之所必需者。答語謂礮彈猶未入殼。

余等頓起回鄉之念，因自顧實力不足，荷兵僅二隊，每隊僅百六十名，新加軍不過二三百人，而對方邪徒，不可勝數，倘戰事發生，勝負可不言而喻。禮物由堪的長官「蠻毒物」(Monthou)代收，有下大夫從中傳遞，惟大礮始終未卸。

吾方要求與王之代表「山地」(Sandi)談話，經指定地點後，「山地」跨象而來。荷將乘馬而去，據云象與馬二獸有世仇，不可攜在一處，否則必相互踐踢惡鬬而後已。二人會晤後，「山地」竟昂然自以爲王家人物，不脫其帽。

荷將嚴厲詢問彼方何以有此種舉動？數千衆來此何爲？豈早知吾方僅荷兵二隊而故作威嚇歟？「山地」(Sandi)祇謂奉王命行事，怫然別去，但其兵仍未移動，後暮色漸濃，吾軍不得已，向後退卻。

彼等故作不知，任吾人自由行動，及抵魯納兒河旁，一隊先渡，一隊尙在後方時，惡賊竟蜂擁來攻。僧伽黎兵都諳水術，一一蹤入水中逃生，余等被棄於後，不得不背水一戰。結果全部渡河，死副官一，士兵二。彼方死傷較多，惟此去道路惡劣，加以天雨不止，退卻時頗感不便，更須道經一危崖而至西打哇克堡。據傳前西打哇克王之妻女聞王爲堪的王戰敗，雙雙在該崖下墮死，其險狀可知。吾軍行經其地時，堪的軍從後追迫，幸以道狹，未生大害；惟吾人須聯續向後方掃射，亦大苦事。

二日至四日，余等駐西打哇克堡中稍事休息。次日毀去邪廟二所。廟在堡之附近，由一大石中雕出，其間置木像石像無數，代表各種神鬼。在某像之下，有一黑穴，煙霧出自其中。吾人皆不敢進，投稻草而焚之，亦莫測其深度，更有膽怯者以爲此舉足以引惡魔外出，不敢站近穴邊，亦太愚矣。苟穴中果有妖物，諒彼不能外出，矧此穴究爲何物造成，亦未確定耶！

吾隊中有信路德教者，亦有信羅馬教者，前者即在黑穴之旁，齊唱聖歌，後者則往另一教堂。由一曾充牧師之老者，執行教儀。正歡忭之時，空中突起噪聲，似雷鳴，似爆裂，房屋動搖欲倒，人身震蕩失魂，有以爲此聲起自廟中，紛紛逃至廟外，以求安全。詎料聲響反大，重又回來，噪聲繼續凡四分之一小時始止。

六日，全體回城，於晚間抵科倫波，先吾而至者有二大舟，來自日本，船中載金、銅、瓷器及「沙客坡里」(Saccapali) 此物爲一種飲料，香味不濃，然極合衛生。

七日，余奉令移駐維多利亞城門，統率一百十八，留守至一六八〇年二月二日。堡門每晨六時開放，晚六時關閉，所有鑰匙，繫於銀鏈，由總督掌管。每日午前十一時至午後一時，天氣最熱，人民大都在屋中睡眠，故城門亦閉，以防意外。余等於星期一，從事操練，星期日往教堂二次，舉行荷蘭或葡萄牙新教儀式。

二月九日，余等往科城十二哩外之西打哇克堡調防，於晚間抵堡。

十日，原駐軍退出，余可乘此將堡之情形報告讀者。

該堡位於一土墩之上，與西打哇克王故宮隔河相對。西打哇克宮爲葡人所毀，其形正方，有四稜堡，曰哇勒格夫、露西沙、科倫波與加拉(Rycloff, Louisa, Columbo, Gala)各置大礮二尊，正中有砦，內置米、肉、鹽、酒等食料，另有槍、斧、彈及火藥等兵械。其後爲守望室，每角凸出二小礮，全體士兵，均臥其中。日間半隊可以出外，入夜仍須歸營，否則處死。每晚執行點名與禱告，星期日之晚，且有佈道之舉。荷兵之外，此間並有安汶兵一隊，其副官名亞浪(Alons)，爲王室遠裔。彼等均攜妻孥居鎮內茅屋中，惟在晚間，亦須全體歸隊。其人殊靈活，善於蹤跳奔跑，腮下少鬚，頸後隆起一物，有如疣瘤。其俸給大致副官每月二十四大圓，少尉十六大圓，伍長八大圓，軍士五大圓，各支現款。

僧伽黎人最畏安汝人，較畏荷人爲尤甚，蓋彼等以食人爲常事也。武裝時，彼等持鎗銃與短刃，平居除以本地土語談話外，並能操馬來語、僧伽黎語、葡語及荷語以達意。每日以賭博消遣，至如鬬雞玩骰等等，無所不愛。爲若囊金盡罄，乃往他處工作，如雕刻木像或石像等，迨月薪到手，即償理債戶，如有餘款，又可冒孤注之一擲矣；有時甚至將妻子之飾物典盡，致全家陷入飢餓困苦之境。

此堡本爲抵禦堪的王而設，有三小郡屬之。一曰可可利郡（Cuculi），荷名爲紅得爾藴(Hoender Grafschap）。按「紅得爾」原字有禽鳥之意，蓋由該地禽類最富也。二曰布拉千郡（Bulatkam-Corl），此處盛產糧食。三曰香蕉郡（Bisang-Corl）產香蕉（*Fig*）最多。每郡有農夫數百名，均曾與公司訂約，須將其每年所收之米，以其量四分之一獻歸於堡，不願者卽以法刑迫之；以外如椰干、椰酒及糖等出產，皆按此例抽捐。

堡之四周地下多各種紅綠黃寶石，堡兵負守護之職，有時大雨傾盆，或洪水汎濫，每將石沖入水中，故在自沙夫瑞安（Soffrigam 昔日荷堡之一，今已廢棄）流經此處之河中，吾人有時可發現零碎寶石，以故常乘潮退鱷魚隱跡時，沐浴其中，以資搜尋，善於游泳者，更常潛探水深處，因石之較大者，輒沈於底也。

堡之下有一小流，源出二高山間，亦散有各種珍品。余等常擇暇沿其邊行走二三哩，順道尋覔之，並向土人商借一種籃網，投入穴中，取出時搖去其中泥沙，石無論大小，必留於底。此法頗有成效，反之，無網者極少希望。該河之旁多巨象虎蛇，騷擾行人，吾人有時須紆道數哩以避之。余更常備一槍，以資防衛。

讀者至此，或亟欲知寶石之性質如何，故余將就所知，略爲述之。

紅寶石產於地下一二尋之紅沙泥中，散佈如血管，有時被洪水衝入河中，仍不變其原有色彩，惟久不見陽光者，將呈黑色，如煤炭然。

青玉生於地下約一尋之堅土中，亦有脈絡。有時亦被狂雨大水沖入河中，最大者如指頭。

餘如翠玉及黃玉等，有呈火紅色者，有呈天青色者，均極美麗。

更有一種名貓兒眼者，其色能變，迎光觀之，忽青忽白。

晶分紅晶、藍晶、黃晶、墨晶、水晶等種，隨處可見。行軍時兵士跣足前進，往往受其大累；幸有一種極普通之藥草，用以敷於創口，不一日可以治愈之。

同儕中性貪者，每日必入河中搜覓寶石，甚至釀成疾病，長官有鑒於此，乃出示嚴禁。

某日余適落差，步行至堡外約一哩，見一僧伽黎老者攜二子在河中覓寶，因偷掩其後，勿使窺見，以防脫逃。及近其前，厲聲詢問曾獲寶否？其一答云『乃地·拉呂』(Netti Ralu)意即『先生！無之』。然余不信，遍搜其囊。後竟於碎雜之鈕扣及綠玉小塊中，發現一大如栗棗之寶石。乃詢渠願售與否，彼初拒而卒允以二小石同售，共換荷幣半元。余時適乏錢，心中雖亟欲得之，而力實薄，況此人亦爲荷蘭人民之一，萬不能施以強暴手段。初束手無策，後忽於囊中找得水晶一塊，於是計上心來。因即悄悄將其石納入口中，一方持晶佯言，謂此時余將暫時保存之，彼等如進歸西打哇克，必可付款，否則還石。同時又假裝失手之狀，將晶落入河中。可憐彼父子三人，聞聲之後，僉以爲已石下墮，大爲驚惶。余見其情切，乃以僞言慰之，謂彼等可重獲之。三人乃重行下水搜覓，多時，失望而返，同聲浩歎。余乘機進言，云當負一部份責任，囑隨歸堡中，與以三先令作爲賠償費，彼父子欣然別去。余施此種騙人手段，實爲不當，所謂不得已而爲之，蓋因當時余深知倘此石落入彼手，必無獲得之希望也。

三月十日、（譯者按十日或係一日之誤）余與路德教二信徒各攜一槍登山，至前處被毀之廟中，則佛像四倒，零落仍如前狀，黑穴仍依然存在。余自深信惡魔已絕跡，不敢再事咆哮矣。山下多美雞，因自一老婦處選購雌雞數隻，雄雞一。據謂該雄雞曾獻祭神明，具萬雞不當之勇，遇雞必鬬，鬬必勝，故不可殺。余大笑其狂，然竊自狐疑，此雞既屬神有，彼豈得不來收歸，於是付清帳目（每雞換荷銀一辨士），攜雞回堡。果也，彼遇雞必鬬，鬬必勝；老婦之言竟至實現。余因思得鬬雞之舉，邀集安汶人多名，各出錢作賭。結果彼雞之被吾雞戰敗者凡三十一二隻，致彼等瞠目無言，羣擊雞冠，謂有惡魔附在其身也。後余攜之回科城，以爲大可賴以生利，初不料彼竟爲來自綢綢枯瑞尼之某雞大敗。

三月二日、有一兵（Laserin）自鎮來，謂一象墮入河邊王之井中，余與二三友同往，則見象緊縮井底，若不勝困苦然。吾人以香蕉葉投下，彼露謝意；食畢，最後高舉其鼻，發出重濁之聲，意在乞援；然井深十二尋，吾人心長力薄，無法可施。吾隊之鼓手亦在井旁，曾於行獵時受象之害，據云苟非攀援至一大樹之頂，且有性命之虞。其與象有大仇可知也。今此人見機會已至，復仇之念頓生，遂於次日私將木材稻草投入井中，然後付之一炬。歸家後，復向余述此事之始末。

三日晚八時餘，地震起自北方，房屋搖搖欲倒，守衛室中兵士全部驚醒，均以爲大禍臨頭，擁下梯來。後，燈火亦熄，秩序更亂，儕輩不知所措，紛紛自樓上跑下。就吾人所感覺者言，此晚地震凡三數次，最後一次最烈，大有全島將傾之勢。後偶詢科城邊之水手，據云亦曾感覺之，其厲害可以想見。至於地震之原因何在，余不敢贅，須待博物學家闡明之耳。

* * * * *

（註一）按 Pico d' Adam 亦稱曰亞當山 (Adam's Hill) 或亞當峯 (Adam's Peak)，高七千四百二十英尺，爲錫蘭島上之神山。Pieris 所著 *Ceylon and the Portuguese* 第九十五頁上曾謂『亞拉伯人深信亞當失去「天堂」以後，即來錫蘭而寄迹此山之上』。香客登山朝拜時，援鐵索而上；據馬可·孛羅氏 (Marco Polo) 之記載，此處之鐵索初係亞力山大帝所設置。

# 第八章

著者與三友出獵，遇象羣，死其一——西打哇克附近洪水爲災，各種生物均逃至堡中——佃獵之狀況——致送禮物之使者爲堪的王囚禁——二英人被禁多年，逃至西打哇克，述一鄉人以紅寶石作磨石之趣事——著者與英人同回科倫波，備受歡迎——渠一度赴卡登滿德，重回科城——執行大刑——著者任東印度事務所祕書——科城居民之風尚習俗及婚禮等等。

三月中，余專事佃獵，歸卽以所得之野味佐餐，至樂也。某夜，明月皎潔，因與三友同往堡外哩餘之平原間，思有以得獐鹿等獸，故掩避一小丘之麓，靜待其來，此蓋此地多肥草，彼等必來覓食也。最先來者爲野牛一羣，間雜一鹿，奔赴某君處。此君係一瑞典人，不辨來者究爲何物，而獸類反發覺危險，奔回山巔，作噪聲。丘之他旁，象羣擁來，時正午夜，各人枯坐多時，均現倦容，聞聲奮起，招呼計議辦法，皆以爲彼等此來，目的地在谿谷中，破壞吾遊戲，非迎前痛擊之不可。

於是四人行進至平原中部，一象突自林隙衝來，余等急向後轉，退至原地，重振精神，鼓勇前進，決計不再退卻。無何，遙見平原左方二象正俯首嚙草，瑞典友最勇，首先前進，至離象約六十步處，卽行射擊，惟象則兀自不動。余隨後再進，瞄準其頭部，發出一丸，此後便聞一陣噪聲、踐踏聲、蓋彼等已回林中矣。

此時平原之他邊，又發象聲，其數似較多，於是轉身迎之，但祇聞聲而不見形。蓋因彼等正在一大樹之旁進食，樹枝下垂及地，形成天然屏障，故吾人雖近樹身，而仍莫能辨其所在之方向也。後余轉至他邊，頓見一可怕之巨象，率四小象，嚙草，離余僅十步左右。余力事鎮定，擇最大者射擊，槍發後適中其頭部，乃急退後方，由另一人上前再擊。此時余等均不顧象之咆哮，輪流射擊；最後彼不堪其痛，遂奔撞而退，約二三步後，又起一陣怪聲。

余等恐遇危險，不敢窮追，即折回西打哇克。次晨，鄰近僧伽黎士民，因聞昨宵槍聲不斷，黎明即下谷探望，見一巨象倒斃曠野，口中露出美牙一對，當即報告防守長官，長官即傳余詢問究竟。余答或有此事，因昨夜被象羣迫追，不得已抵抗自衛也。軍中最禁捕象，非不得已時，兵士不得妄施射擊，故余特出此語以避軍法耳！長官據情致函科倫波城督府，並附送象牙一對。按此種動物，一無用處，僅其脂肪可作燈油而已。

四月中、雨水最多，鎮中頓鬧水患。前述之安汶士兵，均攜妻子避入堡中，其餘人民、野獸、家畜迫赴山巔堡中。蛇蠍等毒物乘機日出，爲避禍計，長官命崗兵於四門燃火焚燒。

五月中，淫雨淋漓，洪水釀成災禍，吾人均困處堡中，每日所見，無非來往堡邊之大象羣而已。入夜，余每與僧伽黎獵人行獵，興趣至濃，有時所獲獸類，足供全堡人士享用。一印人往往首先開道，將火把置於頭上，手中持一木杖，其上懸貝殼多枚，進行時相互擊撞有聲。鹿、兔、野牛之屬，聞貝聲見火光，必相率而來，於是彼可任意射擊矣。惟象之爲物，凶暴逾恆，全不顧火光貝聲，恣意衝撞，時置彼等於險地。

七月一日，科城荷使米如普（M crop）偕波斯大使同來。所乘大車作波斯式，由二牛拽引，牛背披白布，極莊嚴。車後繼之以禮物，計白獅二、虎三、麝貓十二，各置於美麗之籠中，四圍繞以青綢。又波斯黑馬二匹，披綠綢；鷹二十隻，由二十馬拉巴奴僕持之；均係送呈堪的王者。另有書信一通，置銀杯中，由荷使親持，盃上罩籠，由僧伽黎貴人四名扶執，均不戴帽。

二日，余等護送禮物至魯納兒附近之「惡魔樹」(Devil's Tree) 地方，然後三叫而返。彼等前行至堪的王住處，地名包愛爾·不吉(Buare-Birge)。王聞訊，立命部下逮捕所有人畜而禁錮之。被捕之人，將來能否恢復自由實一問題。二十二年前，荷使巴布提斯達(John Baptista)與特靈科馬利之法使，被囚至今，仍未釋出。吾恐堪的王在世時，彼等將無回復自由之日；倘依往律令，則此次之被拘者，其享自由之希望蓋幾希矣。

查被禁者生活均苦，因王室雖給各項食料及用品，但量必不豐裕，而經手之官員又須從中竊取，致所剩者寥寥無幾矣。

是日，斑白老者二，衣新加服裝，至西打哇克堡中報告，曾云：彼等於二十年前，乘英船過卡爾品丁，與同伴十八人奉令登岸伐木汲水，誤入堪的人所設之陷阱中，因被押至堪的禁錮宮中。至今同伴均死，彼二人設法棄妻(黑人)潛逃，途中已行八日。(余意二老無寧謂八夜，因夜間始可逃生，日間苟不隱避樹林中，當有捕回之虞。)是日適聞堡兵呼聲，卽斷此處爲耶教徒之地，竊喜逃出虎口，得慶更生也。

二老人中，一爲槍手，一爲鼓手，均能作極流利之僧伽黎語與葡語，追論英語。槍手爲余述奴隸生活多節，極贊揚堪的王武器之豐富車輛之華麗，謂均以金銀鑲成，嵌以紅綠寶石。最有趣者，彼云曾見某僧伽黎農夫，獲得一大紅寶石，而用以磨刀，數年後始爲一陸軍官發覺，獻呈國王。王召詢農夫，乃此公尚在暗鄉。答云：彼於必不留根木河（Bibliogam）中得之，如王心愛，可以讓與彼，可另行找覓。王喜其愚魯，赦其竊寶之罪，賜田數畝，家畜多頭，諭彼以後不得再行擅取。

三日、余與二英人搭舟回科城，參見總督。總督倍極歡迎，發問無數，以遂其好奇之心。然後賜以衣服，與以豐食，囑彼等居留其寓，俟有機會，當即送至吧城，俾可轉搭英船至萬丹。

四日、余回西打哇克原防。

十二日、新軍自科倫波開至。

十五日、吾隊自晨出發，及晚抵科倫波，余除攜行李外，並帶歸博來葉（*Bulat*）（註一）二三百張，由僧伽黎兵二名揹負。此項樹葉爲土人刻不可少之煙葉，余思用以作禮物，致送與房主母者。關於房主母，又有一事足爲諸君告，余固不知天公究欲賜我幸福與否，而始終拒之，其事如何，請閱後文。

余月付房金三大圓，主母日備豐筵饗余，並給椰酒，後與吾感情逐漸濃厚，閒談詢及下列各項問題：余何不永留此地？余何以至今未娶？最後，且向余表示至深之情意，謂余如願結婚，彼必願事箕帚。就金錢方面論，余固極願與彼結爲夫婦，因其前夫爲科倫波之殷實富商，名可如斯丹茲（John Christantz），常乘己舟至恆河邊之孟加拉經商，不幸於一六七八年途遇暴風，舟人俱失。家藏「答柯特金」（Ducat）三萬，又孟加拉奴僕二十，均歸此婦使用。顧此種豪富，實不能動我寸心，君如不信吾言，請閱下文便可瞭然。此婦不特色黑，耳珠上懸至大且重之金環，大過吾人之手掌，其髮長及腳踵，每日遍塗椰油，然後捲於頭上，恰如荷人之纏長馬尾於其股，所衣者僅一小衫，不能遮蓋全胸，而繫之以金鈕，故自胸至臍，直可謂一絲不掛。臍部之下，有一布裙，下垂及足，其外另有一布，似更長，頸間圍一金鑲牙圈，用爲裝飾。彼不能講荷語，僅能通葡萄牙、僧伽黎及馬拉巴三語，綜上所述各項情形，足使余心灰意懶，不敢追求，寧放棄巨產而不取，毅然與彼告別。

某時馬拉巴人因奪取胡椒商業，荷人遣二艦與一遊艇，載兵制止之，余奉令作指揮，選隊中壯丁二十名，同登「特靈科馬利號」遊艇，其餘二艦各載兵十二名，水手七名。

十八日晚、全隊揚帆啓程，吾舟中除兵士二十外，尚有舵手一，水夫十五，余發令將旗幟外揚，表示吾船係科倫波遣發之指揮舟。

十九至二十二日、陸地尚未出現，風雖順而波流逆。

二十三日午前，吾人已望見陸岸午後至葡鎮「交趾」(Cochin)。余登陸，將總督手書遞致此間指揮；次日彼另與實艦一艘並指示攻馬拉巴人之妙法。

二十五日、余隊重入海道，沿岸進至葡鎮果阿(Goa)，沿途巡狩，遇馬拉巴船之載胡椒等物而無荷蘭護照者，均扣留移其貨而沈其舟，惟有小舟數具隱於陸旁狹道中，均得無恙，蓋吾舟身殼較大不能行至水淺處也。

十月六日、余等凱旋交趾鎮，共獲馬拉巴罪犯五十名，洋葱、胡椒、米、薑、乾魚等無數，卽通報其指揮，彼除扣留胡椒外，餘貨悉數放行。

吾人勾留至十一月二十日，深覺此間生活較錫蘭島爲安樂。

二十一日、各船啓碇回島，於二十九日午後三時左右安抵科倫波。余將交趾來書，獻呈總督，遣各軍回防。統計是役，吾方僅死二人，均中毒箭，尚有水夫一，則因己槍爆裂，而斷其臂。

三十日、掌礮長路德教徒須藤亨利（Henry Scholten）氏因不聽教主規戒，恣意妄爲，判處死刑。惟臨刑時忽生悔心，禱告祈度，槍聲三響，斷送此大好男兒，後由友朋代爲盛殮埋葬。同日福康德（Volkendt）地方有摩耳人（Moors）二名，在珠岸附近就逮，大受鞭撻之刑，呼痛不止。其用馬拉巴語大呼曰「亞卜意巴令；亞卜意巴令！」(Apoi Paring, Apoi Paring) 意謂『先生慈悲！先生慈悲！』最後，頭垂肩下，作死狀。惟鞭過後頭又昂直，執刑者塗胡椒與鹽於其創口，然後施以桎梏，作爲公司之囚犯。

余此時找得一閒職，爲東印度公司之書記長官手下有書記十二人。余接得委狀後，於十二月一日，進事務所。該所所長爲凡得·比克（Walter Vander Beek）氏，辦公時間上午七時至十時，下午二時至六時，十二書記，各司其事。

時余仍與彼長耳婦同餐，席間屢被詰問，何故不娶；余乃憤然對曰：夫人如能不塗香油於髮，創小耳形，當可遵命。彼聞言大爲失望，云寧死不爲。

同時鄰近有一猶太人，與一僧伽黎貴族相處，致與彼女兒相識，後不幸生病，見彼女日侍湯藥，狀極忠厚，因許於復原後結爲夫婦。病愈時，女卽以原約相詰，惟猶太人終以其容醜耳長，不能入教堂爲辭。女爲補救計，竟將耳割小，卒與猶太人於某星期日在科倫波結婚。乃不數日後，新郎竟以手足殘廢聞，彼不怨命薄，反以爲由猶太教轉爲耶教之非，是狂詛洗禮。惟同時尚有一猶太人，亦改教而與一馬拉巴黑少婦結婚，伉儷甚篤，後亦未聞有何變故。

此處既談及婚姻，不妨更進而略述科倫波土民之結婚情形。

婚事議定後，新郎擇日隨二三友偕赴坤宅。新娘衣白布禮服，插鮮花恭迎之。其父與母，如尚存在，必出主婚，先行洗禮，然後訂定婚書，交換手環，而禮卽告成。下星期日，二人須至教堂將名姓公布三次；及星期二，始正式結婚，首由舞者於教堂中歌舞，新娘由二婦扶行，頭上撐一美傘，新郎亦由二友伴隨。迨大典告終，新娘回家，親戚各以玫瑰水灑於其身，並投以鮮花，於是由主人大張喜筵，一方扶新夫婦上牀，一方奏樂歌舞，噪聲四起，盡一日之歡。次日彼等復至城外約一二哩之公共娛樂所宴會，由新夫婦主席。

歐人之在錫蘭者得隨意擇配土婦，惟在荷方服務者，非經教主允許與該婦以相當改教證書，不得結婚。

土婦似極喜奉承白人，凡白人之願相遷就表示愛情者，必可戰敗其黑人情敵。然就余所知土婦與白人結婚後，往往生產黑兒，此種情形豈彼二人永久同居者所應有。故教主處關於妻子不規之訴訟積案，亦有隱忍不告發者；然如被官方查獲眞相，則罪者與隱蔽者同受鞭撻之刑，甚至判爲奴隸。科倫波舊城中有一鞋匠與一亞歐雜種兒（土名 Mastize ，即白父黑母之混血兒）結婚。女之父母均極誠樸，爲余故友。其父業酒，爲科城自由民。新夫婦婚後約六七月，一馬拉巴洗衣工人至其家（科城有一種洗衣工人，每二星期至民家取穢衣一次）見女獨處，淫心頓起，擬施獸行，因謂此婦曰，倘能應彼要求，此後無論洗何衣服，皆可免費。婦亦以此代價爲合意，即允之；惟告以此際行事，恐不安全，面約後會，彼漢滿意而返。後鞋匠回家，其妻即以事告彼，欣慰異常，認爲女有貞德，乃囑於下次引洗衣夫入室，以便懲戒之。數日後，馬拉巴人如期而至，婦導之入室，其夫率鄰衆乘機破門入，飽施奸夫以拳足，使具重大戒心。不幸後此婦暴斃，據云爲黑人所毒死，據一般人推測，或因彼忠於白人之故。

據余個人之思想，土婦之與歐人結婚，大半抱有一種策略；以爲嫁後可享各種土人所不能得之權利，眞出自愛情者，恐無幾也。

土婦極懶惰，終日抽煙嚼草，顧極淸潔，日必沐浴數次，男子將一切家務委之。另有二僕，一任購置，須往市場，一任烹調，居家不出。

余旣談及科倫波，請進而談城中情形。

關於此城之建築，余於前章已經略述，係葡人所造，後爲荷蘭東印度公司奪得，毀堡多處，再依荷式重建，今日建築工程，猶未全部完成。現有之堡，西面背海，東北臨城，東南傍河，有屏壘各置槍二三十具，另有一強固之胸牆，海邊多石，船隻不能靠近。

運河一道，圍繞堡周，中多鱷魚。堡有正門凡三，西南一門曰牙拉門 (Port de Gala)，其外約一彈之遙，在至加耳徐之道旁，多果園，盛產各種水果，迤邐約一二哩；第二門曰岱爾夫喜門 (Delfeshe Port)，其名由鄰近稜堡而得，面對科城，其門道一旁臨海，一邊瀕深壕及大荒場，場名「水牛平原」(Buffer's Plain)當水閘拔去時可以全部浸沒水中；第三門曰水門 (Water Port)，其左爲水道，中置大礮多尊，以備攻擊來船。堡內樹木成行，多開紅色或白色之花而不結果，步行其下，極饒興趣。全堡佔地約四十畝，自總督以下，一切商人、官吏、兵丁，均居其中。牆外沿海各處，茅屋累累，專備公司所雇四千奴僕住宿，均極矮小，以稻草樹葉而成。奴僕種族不一，竟日操作，有荷吏名「馬加棟」(Mucadons) 者監督之，每人統管七十至一百人不等，時須向政府報告情況。

此外尚有兵庫一大間，中儲彈藥兵械及商人用之武器。鄰旁爲教堂，其後爲馬槽，滿拴波斯駿馬。牙拉門旁設有製藥廠，水道旁則有鋸木廠。至於科倫波之城鎮，地位較大，因城中多園林之故。此城有屏障五，名曰：維多利亞、康古地亞、哈連姆、康斯坦亞及由克海生 (Victoria, Concordia, Haerlem, Constantia, Euckhuysen)。北傍船塢，南臨大流，中多鱷魚，有門三：一即前節所述之偕爾夫喜門；一面海，距第一門不遠；第三門曰維多利亞或尼古巴門 (Negumbo)。

居民等級種族極爲複雜，有官吏、兵丁、自由民、商販、黑人、白人等等，故荷兵於晚間必嚴密戒備。城中街衢雖不能時受雨水之沖洗，而極清潔，有荷蘭旅舍一所，矗立其中，館內聘有醫師，雇有侍役，以便旅客使用。當時、其醫師長聲名不佳，羣謂彼管理屬下無方且有醜行。據云曾戀一奴僕，後忽刺殺之，埋於其私人花園中。

距此不遠有孤兒院一所，專教孤兒讀寫，使成為鼓手或士兵；女兒除讀寫外，且須學習縫紉等科，迨十二或十三歲後，即許字他人。

荷蘭公墓位於城之中央，繞有圍牆，旁設馬拉巴學校。墓外馬拉巴人、馬爾狄維人（Maldi-vians）、僧伽黎人及其他科城居民，設攤出售水果、魚乾、洋葱、糖、米等物；摩耳人與波斯人則售絲布，每日交易極為繁盛。

（註一）按此葉或係 *Piper Betle* 之葉，詳見本記第四章附註十。

* * * * *

## 第九章

科倫波城前火藥肇禍——二舟來自波斯將赴荷蘭——著者商得上方同意退差至牙拉岬登船——船長酒醉，致船身觸礁，全體沈淹——著者與十三人同游至岸，得慶更生，惟所攜貨物化爲烏有——渠等亦身至牙拉岬搭「維斯透·阿姆斯脫爾號」回國——途經好望角——吧城來舟已待候七星期——法國海盜喬裝來攻——全艦離角——航海情形——途經之地域及飄流最遠之處——最後賴上帝之助，彼等安抵故鄉。

一六八〇年間，此間發生不幸事凡三：其一，一船來自荷蘭，經吧城，泊於科倫波港中，載有巨量火藥，以備城中戒備之用。其中八十箱由民舟載運，將靠岸起貨時，某船長之小童兀立船首吸煙，爲船長查見，賞以老拳，煙管被擊入鄰舟，其上適有散裝之火藥，轟然一聲，該船裂爲片片，一霎眼間，第二船又着火，禍事蔓延至速，岸旁人民亦遭池魚之災，紛紛炸入空中。

其二，二舟泊於港中，突遇暴風，錨索齊斷，船身衝入魚市，幸人民均得無恙。

十二月九日，二大船來自波斯，一爲「非洲號」，一爲「科耳基尼號」。

余已爲公司服務五年又七月，頗思隨彼船還鄉，乃總督假意敷衍，不准吾退職。

十日、二船離科城至加拉岬（Punt de Gala）採集胡椒肉桂。余恨不能隨去，因向公司「商人長」訴苦。據其慰言，余須再留數日，待孟加拉來船抵埠，再隨其他數人同歸。

十一日、據自陸道傳來加拉方面消息，謂上述之船，已自孟加拉到埠，滿載硝石，惟船桅已失。

十二日、此間遣木工攜三桅乘小艇往加拉修理該船，俾可與前二船共同出發。

十四日、余至科城外約二哩之沓他拉馬路村（Batalamulo），辭別丹奈古大將（Dissave Tennekool 即堪的國投降我方之官），彼慇懃招待，並留午餐，命僧伽黎士兵四名用輿送歸科城，且贈橘子二百隻，以備於航途食用。

十五日、隊長邀余晚讌，菜餚頗豐。

十六日、葡萄牙富翁德・拜儒（Don de Pairo）居科城一哩外之馬杜愛（Matual）村中，遣僕攜象來邀，蒙款以音樂及盛宴。是晚余即留宿其寓，彼用大篇辭句，勸吾留境，並詢吾何以棄此安樂生活而甘冒波濤奇險。余之唯一答詞，即爲「思慕故鄉。」

十七日、余謝別葡友，仍乘象歸。

十八日、辭別科倫波事務所中諸友。

十九日、房主母設宴餞行，邀其戚友作陪，席間流露不忍言別之態，後又致送水果香料頗多，表示其情愛之深。余雖接受之，惟攜抵船上之後，卽全部棄於海中，蓋恐其中藏有毒物也。

二十日、總督令諭全體於晚間出發。吾儕當於午後四時餘登船，各攜所有貨品。船身雖小，卻有礮四尊，除船長與舵手之外，尙有水手十二名。船長名伊拉斯莫斯（Cornelius Erosmus），遮特蘭（Jutland）人，一大酒徒；時正留科倫波寓所，與其妻友言別。伊氏係一路德教徒，而其妻初信羅馬教，余留境時，曾苦心孤詣感化之，後雖有成效，顧其認路德教爲是者，良以其夫亦爲此教信徒而已；設余不離境，或可再作進一層的解釋。彼有妹，極豔麗，可謂爲吾生平所見第一美人，若不然，至少亦當爲此間之最美者。此妹係一白種人，其母爲巴比倫人，惟所穿衣服，與吾長耳寡婦所衣者同，有損其天然之美矣。

余船因候信件，須待至明日方開，乃乘漁船至船長家中。彼正與家人談笑移時，與妻妹告別，互露不捨之狀，然猶未知此別乃成永訣也。蓋船於次日啓程後，風勢變厲，入夜更甚；迨離加拉岬不足一哩時，船長與舵手正歡宴艙中，置方向於不顧，於是船身誤觸鯨礁，此礁適在水面之下，船破大隙，漸漸下沈。船長聞轚撞聲，知大禍臨頭，急出發令轉向，已過遲矣！吾輩不得已，準備游泳逃生，余即出膊隨衆下水，鼓勇游向岸邊，卒於半小時後到達目的地。此禍也，統計逃生者共十有五人，其餘船長舵手及水夫十八人，悉數淹斃。

余等蜂擁至最近一屋，屋主爲一僧伽黎貴人，慇懃款待，囑僕燃火爐，並與吾人相當救濟品。

二十三日晨，羣至加拉岬，其軍曹伍長等，均動惻隱之心，各出破舊衣服，藉免吾人裸體。後入覲總督，報告遇禍情形。總督詳爲盤詰肇禍之徒，衆悉以船長對，彼於是支付每人洋十二大圓，以資整理行裝；惟此款仍須登記帳上，於工資內扣除。十五人中六人不願還鄉，重訂三年新約，爲公司服務，每月增加工資二盾，連原薪十盾，每月可得十二盾。某軍曹奉令率十二兵即往該處視察有無遺剩物件，余於午後亦親往岸旁，見船殼木塊片片浮於水面，至箱籠物件散落岸旁者亦復不少，然均已空無一物。余意兵士等必有不法行爲，而將贓品埋於地下者。

十四日、浮屍數具，拽至岸上，其餘或已入鯊魚之腹矣。

二十五日、余登「維斯透·阿姆斯脫爾號」貨船，呈驗通行證，文曰：

「字付維斯透阿姆斯脫爾號船長知悉，特准適威思爾·克瑞脫夫攜貨隨舟返荷蘭」。

此船已極陳舊，且其形狹小，速度亦不高，木工等從事修繕，予乃重回牙拉岬，待彼整理妥善後，再行攜貨下艙。據吾所見，牙拉堡似較科倫波爲堅固。

一六八二年正月五日、船貨全部裝上，計有胡椒、肉桂、布匹、絲綢等，均係自中國與孟加拉採辦者。

十三日、一官來船上檢點乘客。

十四日、全體船隻舉帆出發，風向爲東南，「科耳基尼號」船身最大，爲全隊指揮；旋卽鳴礮登程，牙拉堡中亦還應多響。

十五日、爲齋日，無論船中水手及錫蘭荷城內居民，均須持齋，以求上帝佑護，使吾人一帆風順，安還故鄉。

十六日、各船船長在指揮舟中集議，乞助哨守及掌燈等各種信號。時二大船向前銳進，吾船始終落後，入夜蒙其他二船借余篷帆數具，俾得趕往前方。

吾船有船長一、醫師三（其一專司禱告）、官吏數名、兵士十二名，連二十四水手共計五十六人。其餘二舟各載一百五十人。顧此處多動物，計有鸚鵡二、猴子二、安汶產鸚鵡二（土名 *Cacadus* 爲一種白色鳥類，大如鴿，頭頂生球，能學人語，如鸚鵡）、鱷魚一尾，約長四十五吋，孟加拉獐一。航行二月間，除二猴外，全斃。此外尚有孟加拉豕五十頭、鴨二三十隻，以備食用。至於糧食，則有淡水六十罐、鹹肉六罐，其他肉類六罐，印度燒酒六罐，及充分之米。船底不墊脚荷而墊舊磤屑，其上置哨，再上置肉桂及胡椒二百拉斯脫(last)，最上爲絲與布二百五十大袋。

海中波濤不起，三船並帆進駛，至四月二十八日，舟近非洲海岸時，濃霧忽降，風轉西南，一日二夜間，將船吹出陸地以外可五十哩，幸後又轉東，吾人得於三十日望見桌面山(Tafal-bergh)、獅子山 (Lewen bergh) 及德汎爾山 (Duyvels-bergh) 諸峯。

五月一日，抵好望角，時吧城來舟已待至七星期，其隊計有大艦四、漁艇一，名曰包思都英(Pos

thorn)。

其指揮舟有至佳之艫，東印度全軍主將顧英思，亦在其中。據彼等稱述，曾於聖·毛黎士(St. Morrice)緯線遇暴風，「米得爾堡號」(Middleburgh)大受損傷，幸現已全部修竣。

吾船留泊凡七日，順取淡水、木料、蕪菁、藥草、黃芽菜、山羊、綿羊等物。顧英思將軍與其隨從人員，均居總督府中，計有參贊多人，號兵一，護衛十二，均衣黃色美服，穿紅褲，佩銀鈕，此外奴僕如雲，均屬孟加拉人。余宿於惡魔山麓某荷人家中，房主有葡萄園及其他田地，雇霍屯督人，豢猛犬守護之。

二日、某船懸白色旗幟，混入港中，宣稱係法國商船。惟在是晚，一水手乘月光游泳至指揮舟上，報告眞情，謂該船水手均係法國海盜，沿亞拉伯海岸而來，滿載贓品。此人係被盜輩自波斯俘獲者，作奴隸工作，因不堪虐待，乞吾方收容，載歸荷蘭云。次日，該舟因此漢失蹤，迅速駛去，吾方當遣二艮艦追之，卒未能及。

八日、總指揮率衆登舟，僅留其妻，不知何故。

九日、清晨各舟舉帆啓碇，順東南好風，經班底丁島(Banditen 或 Zee Honden)。

十日、爲齋日，從事祈禱。

十一日、船長集議射擊、燃燈及舉旗等信號。

自十二至十六日、風向無定，而風勢頗小，吾船把舵西南方，時海中「北極鯨」來往至多。

十七日、西北貿易風起，吾人向聖・希倫島（St. Helens）進駛，以探歐方消息。

六月二十日、該島在望。無何，船抵英堡附近，先遣漁艇上前報告，謂吾隊係荷船，來此探訪歐洲消息，別無他意。據答海中平安無事，不覺大喜，鳴礮誌慶，英堡亦還礮作答。於是吾船續向西北進行，離聖・希倫島於左方，風勢仍盛。

七月二十二日、過赤道，僅死兵二名，實爲幸事。

二十三日、吾人得見北斗星（Northern Star），深以爲幸；前此所見者，僅十字座（按係南半球之星座）座有四星，其形如下：

★<br>★　★<br>★

二十四日、西班牙船一艘，滿載婦女，擬殖民於西印度，途遇吾船，似甚恐懼，思設法逃避；遂爲余船之指揮官所追回。

二十五日、逢單桅英船一艘，載煙草將往巴西，余等即以香料絲綢與布匹等與之交易，不計多寡。就余個人論，以大宗肉桂與胡椒祇換得煙草半磅。

自二十六至二十八日、英船與吾並行，至二十九日始分道，瞬息失蹤，其速可知。

三十日、飛魚羣集船頭，吾人捕而啖之，並留數尾，以資紀念。

三十一日、海豚逆風穿行吾隊中，某礮手用「伊利加」(Elligar) 又得一尾，其餘逃散。所謂「伊利加」者，為一種捕魚器具，擲中魚身後黏貼不脫，其端置鉛，易於下沈，吾人執於他端，即可拽獲。就擒海豚，長約七呎，身圍三呎半，有熱血，其肉味鹹。

八月一日、吾船遥向北航，風向為西南。至厲時晝長夜短，船員大都於白天休息。

自二日至七日、淫雨連綿，艙中水桶得以滿盛飲料，而風勢狂烈，將伴舟吹散。吾船積水頗多，且呈隙漏，其大者闊可半呎，木工盡瘁工作，不得已將鐵皮鍊索等彌補罅處，一方用唧筒連續抽壓，以免浸沈。

、八日吾人不得已將全部篷帆收下，乘風逐浪飄蕩，忽有二大浪打入艙來，苟非上帝暗助，同人勉力，船身必致沈沒。

此時吾船孤處洋中，無友無敵，胥賴一己之力以進退；廚夫不能烹食者已數日，蓋鍋鑊顚簸無從施其手段也。吾人所食者爲孟加拉生鹹肉，佐以多量之印度燒酒，以求消化，苦哉！

九日遙聞大礮數響，莫測其故，迨午後二時，始於右方發現一大船，卽吾隊之副指揮也。據其旗幟所示，正有沈沒之虞，吾船乃勉力向前，藉求聯絡，彼船水手見吾舟駛近，狂呼救命，乞放長艇。

彼等慘呼之時，余等正商議妥善辦法，究以施救抑或棄去爲是。蓋其人數足有一百五十名，若悉數登吾船，則糧食不充，將來必有饑饉之虞，若漠然不顧，似又非是。最後，吾方船長（一經驗豐富之水手）登其船察視一過，囑將貨之一部份，如肉桂、丁香、豆蔻、胡椒等等投入水中，俾可減其重而補其隙。彼等依計行事，卒得自救，惟胡椒四散，漏入唧筒，失其效用。結果，所拋棄之貨物計重四百拉斯脫。此種事情吾人前此已屢見不鮮矣。

十日與十一日、風潮退，氣候轉寒，霧氣重昇。二日間，除漁艇外，各船重行聯絡。

自十二至十四日、霧更大伸手不見五指，爲齊集船員計，船上不得不竟日燃燈。

十五日、遇英國漁艇一艘，自也是島來，載鹹魚，隨即與之交易。

十六日、荷船二艘方自格林蘭捕鯨歸來，逢吾船，蒙以乾酪、餅乾、煙草等換我香料。二船中，一得鯨十尾，一得十一尾，凱旋歸國。其水手均極康健，不若吾人晝夜勞苦，面無人色。吾船現已至緯線六十一度七分，乃掉舵東北向。

十七日，荷戰艦來迎，攜有接濟糧草，伴送吾隊回國。

十八日晨，設得蘭(Hitland)在望。吾人向英岸挺進，因奉祖國令，非萬不得已，被風迫擊時，不得駛近挪威。如該國正與丹麥戰爭時，尤當遵令，故取道東北偏東而航；及至九月一日、始見祖國海岸。全隊中二船已於日前分道駛向西蘭(Zeland)，其餘隨祖國引導船安渡維蘭海中之多南(Tonnen in the Vlie)。時有遊艇一艘，載東印度公司之長官二人前來檢閱歡迎，並向我忠於職責之人員道謝，吾輩願至阿姆斯特丹者，隨彼等同往，惟箱籠物件，仍留船中。

二日、余等抵阿姆斯特丹，計自正月十四日在錫蘭出發，至此共行三千一百哩，歷時二百三十二日。是日，船中一切行李，均運至東印度公司中，由專員檢查，如無違禁品，即可送交物主；否則貨品落入檢查者袋中，物主或課罰金，或充軍至拉斯斐思(Rasphuy's 即 Bridewell)。

三日、余將報告遞呈東印度公司。

# 顧跋

民國十九年五月，重遊日本，偕友數輩，涉足於東京之丸善書店，在亂書堆中，檢得東印度航海記（Voyages to the East Indies 今黄姚二君譯作十七世紀南洋羣島航海記兩種）一册，始以爲係西曆一千七百年出版之舊書，且著者爲極尋常之二水手，初無赫赫之名，偶一檢閲，未及細審其内容，遂棄置之。自後數日，與李君長傅走遍神田區古書店，搜尋南洋問題參考資料，可謂一無所獲；失望之餘，重回丸善購買新書，李君仍以前書介紹，謂「此中不少佳趣，愼毋以人微而輕其言」，乃購而藏之行篋。歸航多暇，展讀導言，甫竟，不禁拍案叫絶，設此行而無李君權充當地嚮導，其不至徒入寶山空手回也幾希！

我人流浪南洋各埠，眼見白人之對於其殖民地也，懃懃懇懇，經之營之，預定主張，務求貫徹，官吏雖如傳舍，政策却少變更，數百年如一日，以視朝令暮改、人亡政息之東方民族，其相去爲何如耶？但檢閲本地史册，無非歐文著作，輒怪其對於征服殖民地之史實語也不詳。豈本地人之毫無能力歟？抑亦白人之手腕敏捷不勞而獲歟？今讀二水手遊記，而後知白人之開拓殖民地也，與風浪戰、與氣候戰、與土人戰、與毒蛇猛獸戰，艱難辛苦身殉殖民政策者固十常七八。其能躊躇滿志而飽暖歸帆者曾不數數覯。然則白人三四百年來統治熱帶之南洋，其犧牲誠不少矣。彼耽耽虎視其旁，日思染指於鼎者，夫亦太不相諒歟？

以東方人士而讀歐文著述，是猶戴有色眼鏡而看花草，究難鑑別其顏色之變幻，與夫品質之優劣，課事碌碌，未遑潛心鑽譯。今是册幸假手於同志黄素封與姚枏二子，得將全書譯竟，其歡爲何如耶？黄子對熱帶自然科學造詣甚深，故本書中之物名及讀者對於原文視爲費解之處，悉一一分別考證，詳爲註釋，使讀者於明瞭荷蘭人冒險進取精神之餘，對於當日南洋之原始社會亦可得以認識。且當時所謂之東印度公司，不但視土人生命螻蟻不若，卽在荷蘭本國，用種種手段所招集之工役，一出國門，卽被船主輩酷遇剝削，其慘有非筆墨所能形容者。然則此書也，視爲荷蘭東印度公司一篇黑幕史可也，亦卽白人初次東來時統治土人之口供也。天壤之大，無奇不有，彼西班牙人於開闢中南美時，摧殘美洲土人固有之文化，並絕其繁衍，務使後人無從摸索當年之情況。今何幸而當日二船員之日記流入中土，得窺全豹；更何幸而黃姚二子勝任巨艱，不惜耗費許多時日，屢易其稿，方得附於世界名著之列，出版於商務印書館。劉子士木閱讀原譯底本既竟，囑爲複校，因綴數語以報之；非敢云跋，聊誌與黃姚二子因緣而已。

民國二十四年元旦顧因明述於上海南洋中學。

# 校後自記

一九三四年十一月十一日姚枏兄和我把這本書譯竟之後，我曾寫給商務印書館總編輯王雲五先生一封信請他代爲出版。信中有言：

「……日昨素封送上拙譯十七世紀南洋羣島航海記兩種一稿，請求指正。此稿所本，乃南洋羣島史地記載最古之西文二書。膾炙人口已二百餘年矣。至華僑在南洋之活動，亦以此書爲素封所知之最古西洋文獻。英人視此書之價值，幾與馬可孛羅遊記相等；英國航海史專家法義耳氏曾爲此書作三萬字之導言，且謂「爾時此地無詳碻之史書，此册誠可謂大好史料矣」。在譯文方面，素封力求忠實，凡古字、誤字、別字及動植物名稱，均詳加考證，列譯注百有餘條，以便讀者。……此稿之成，同譯人姚君費時計十月，素封耗費心力亦將半年，前後共易稿四次。素封以國內治南洋史者向缺詳實史料，此書或可補其不足也……」

後來承王先生允列入「漢譯世界名著」刊行問世，這是我們愛研究南洋文化的人所十二分感激的。

此書原係兩本航海記，一爲佛蘭克氏之東印度之航海及軍事紀實(Christoff Frikens-Ost Indienische Räysen und Kriegs-Dienste)，一六九二年出版於德國之烏爾穆城(Ulm)；一爲適威思爾氏之航行東印度六年間日記 (Christoph. Schweitzers. Wurttemb. Journal-und-Tage-Buch Seiner Sechs Jahrigen Ost Indienischen Reise)，於一六八八年在德國的杜平根 (Tubingen) 出版，同是用德文寫的。迨一六九四年有一位名叫德夫利(S. de Vries)的把牠們譯成荷蘭文，並加入赫斯氏 (Elias Hesse) 所作的東印度遊記彙爲一編，名曰東印度重要航海記三種(Drie Seer Aenmercklijcke Reysen mae en door veerlerley Gewesten in Oost Indien)，刊行於阿姆斯特丹。

一七〇〇年英國海員叢書(The Seafarers' Library)將此書譯成英文，惟不具譯者姓氏。細查譯文，其中有多數名詞前後拼法迥殊，是非出諸一人之手。本書係據英譯本翻譯，其中與荷文譯本微有出入，在出版時欲與德文原書相對校，惟原書求之不易，未得如願，誠憾事耳。本譯文中正文前附有英國法義耳氏（C. Ernest Fayle）所著導言一篇，考證之處頗多，十分重要。

本書中有日本古地名三處，在翻譯時曾得地理學家李長傅先生及周自有先生代爲查考，日本學者木村康一博士夫婦助力亦甚多。又植物俗名一處，得日本御江久夫博士協助考證，均應致謝。蘇繼卿先生、趙景源兄、顧因明先生、劉士木先生等對於本書之翻譯及出版，有的予以指正，有的多加勉勵，也是譯者所十分感激的。書中一切巫文（馬來文）之翻譯和考證，完全由內子林潔娘君代我作最後之決定，理宜附此表之，以示實在。書成，又蒙顧因明先生校閱賜跋，更所心感。

本書第一種第八章之後及第九章之首，曾敍述日本長崎海口的風光。著者稱這海口曰Nangato，復用括弧書長崎原名附於後。按長崎古名玉之浦，長崎名稱的來源，是因古代這裏有一位名叫長崎小太郎的部落長，自鐮倉開府以後，其子孫世襲爲士酋，浸漸而稱這帶的海岸爲長崎。這裏的土人亦稱爲「長崎人」。葡萄牙人之至長崎，始於元龜元年（卽西曆一五七〇年）的春季。他們初到長崎西港外的福田浦，後來在高來、大村、平戶等處互市，並查不出 Nangato 的名子。我想這個名子或由「長崎」之轉訛而成的。我現在姑將 Nangato 譯作「長崎港」

三字，以待將來的補正。

又第八章最後一六二頁第五行之 Chanquoish 及 Fuego，疑爲濟洲和福江二島，未知然否？

本書英譯本名 Voyages to the East Indies，由倫敦 Cassell and Company, Ltd. 出版，定價十仙令六辨士；在他們的廣告上，他們給這本書的摘要爲：

The two voyages narrated in this book are of special interest, as they furnish a singularly authentic picture of India, Ceylon, and the Malays in the 17th century, when English and Dutch were struggling for supremacy in the Far East. Customs, manners, and the religions of the varions eastern races are described with rare observation, and the authors paint a quaintly vivid picture of life in the East two hundred years ago.

銅山黃素封誌於上海自然科學研究所，

一九三五年六月二十四日夜。

中華民國二十四年九月初版
中華民國二十五年六月再版

（94444·1）

漢譯世界名著 十七世紀南洋羣島航海記兩種 一冊
Voyages to the East Indies
每冊定價國幣壹元貳角
外埠酌加運費匯費

原著者 Fryke and Schweitzer
譯述者 黃素封 姚枏
發行人 王雲五 上海河南路
印刷所 商務印書館 上海河南路
發行所 商務印書館 上海及各埠



四八六九上